최고를 만드는 최선의 선택

# BEST
# OPTION

# 베스트 옵션

이병구 지음

KB193150

# 내 선택을 최고로 만들어라

"내가 절벽에서 뛰어내리겠다고 하면, 여러분은 말리지 말고 나와 함께 뛰어주세요!"

나는 종종 직원들에게 이렇게 말한다. 인생이 그렇듯, 사업 역시 수많은 선택의 연속이다. 그리고 그 선택 하나하나가 나와 내 가족의 생존은 물론, 직원들과 그들의 가족의 삶까지도 좌우할 수 있다. 그럼에도 불구하고 내가 이렇게 확신에 찬 어조로 말할 수 있는 이유는 단순하다. 내가 혹여 절벽에서 뛰어내리는 결정을 하더라도, 직원들이 내 선택을 믿고 함께해준다면 반드시 그 선택을 최선으로, 나아가 최고의 결과로 만들어낼 수 있다는 확신이 있기 때문이다.

나는 지난 40년 동안 건강기능식품 회사를 운영하며, 수천 번도 넘는 중요한 결정을 내려야 했다. 그 어느 하나 가볍게 선택할 수 있는 것이 없었다. 때로는 직원들에게 우유부단하다는 말을 들을 정도로 고민하고, 결정을 번복하기도 했다. 하지만 그것은 단순한 망설임이 아니라, 우리 회사가 가진 여러 선택지 중에서 가장 좋은 것을 찾기 위해 끊임없이 스스로에게 질문을 던지는 과정이었다.

'내가 알고 있는 것보다 더 나은 지식이나 방법이 있을까?'
'이 선택이 사람들의 삶의 질을 높이는 데 도움이 될까?'

만약 누군가가 나보다 더 나은 지식을 알려준다면, 나는 누구에게든 배울 준비가 되어 있다. 그리고 내 선택이 사람들에게 더 큰 이로움을 줄 수 있다면, 주저 없이 결정을 바꾼다. 이유는 간단하다. 그것이 더 나은 옵션이기 때문이다.

때때로 나는 사람들이 이해하지 못하는 선택을 하기도 했다. 어떤 선택은 반드시 최고의 결정이 아니었을 수도 있다. 하지만 때로는 차선의 선택을 해야 할 순간도 온다. 중요한 것은 단순히 선택하고 끝나는 것이 아니라, 그 선택을 최선으로 만들기 위해 노력하는 것이다. 나는 시간이 걸리더라도 후회가 남지 않도록, 내가 한 선택이 언제나 더 나은 방향으로 향하도록 만들어가려 했다. 선택이란 한 번 내려진다고 끝나는 것이 아니다. 더 나은 선택은 언제든 달라질 수 있다. 그리고 더 좋은 선택을 하기 위해서는, 나 자신도 계속 성장해야 한다.

내 인생에서 가장 큰 선택, 호주와 쿠바 폴리코사놀이었다. 호주로 이민을 결정하고 시드니에 첫발을 디뎠을 때, 내 주머니에는 600달러가 전부였다. 하지만 지금 나는 연 매출 700억 원을 올리는 글로벌 헬스케어 기업의 대표로서, 한국과 호주, 일본, 말레이시아, 싱가포르, 그리고 쿠바를 오가며 사업을 하고 있다. 호주에서 가정을 꾸리면서 가족의 행복이 내 선택의 가장 큰 기준이 되었고, 쿠바에서 폴리코사놀을 만나면서 더 많은 사람들에게 건강을 선물하고 싶다는 꿈을 가지게 되었다. 인생과 사업의 중요한 기로에서 올바른 선택을 할 수 있었던 것은, 나 혼자만의 힘이 아니었다. 한국에서, 호주에서, 그리고 쿠바에서 나를 도와준 사람들 덕분이었다. 나는 그들의 기대에 부응하기 위해, 돈이나 명예가 아닌 '더 좋은 선택'을 하기 위해 노력했다. 그리고 지금도 그 선택들이 최선이었다고 믿는다.

완벽한 선택은 없다. 하지만 최선의 선택은 만들 수 있다. 처음부터 완벽한 사람은 없다. 선택도 마찬가지다. 무수히 많은 시행착오와 차선의 선택을 거듭한 끝에, 비로소 최고의 선택이 만들어진다. 그러기 위해 가장 중요한 것은 '일단 시작하는 것'이다. 나는 처음에 아무것도 몰랐기 때문에 도전할 수 있었다. 만약 내가 아는 것이 많았다면, 이리저리 재다가 오히려 시작조차 하지 못했을 것이다. 가진 것이 없었기 때문에 무모하게 뛰어들었고, 그렇게 부딪히며 배우고 성장할 수 있었다. 망설여진다면, 작은 시도라도 해보자. 사소한 선택이라도 직접 경험해보는 것이 중요하다. 아무것도 하지 않는 것보다는, 설령 틀린 판단이라도 해보는 것이 훨씬 낫다. 틀린 판단이었음을 깨닫게 되더라도, 그 과정에서 배우는 것이 있다. 그리고 다음번에는 더 나은 선택을 하면 된다. 사람들은 그것을 '성장'이라고 부른다.

완벽한 사람이 되려 하지 말고, 성장하는 사람이 되어야 한다. 많은 사람들이 내게 성공했다고 말하지만, 나는 여전히 조금씩 성장하고 있다. 삶이란 완생을 이루는 것이 아니라, 완생을 향해 나아가는 과정이다. 지금 이 순간 내리는 판단이 최선이라면, 그것으로 충분하다. 그러한 최선의 선택들이 모이면, 결국 최고의 선택이 될 것이기 때문이다.

지금부터 중졸 학력에 불과했던 내가 어떻게 최선의 선택을 최고의 결과로 만들었고, 글로벌 사업에 성공할 수 있었는지 이야기해보려 한다. 이 책을 선택한 것이 당신에게 '베스트 옵션'이 될 수 있도록, 내가 가진 모든 경험과 배움을 전하고 싶다.

2025년 3월 이병구

| 차례 |

# 1장
# 쓸모없는 사람도 보잘것없는 삶도 없다

# 2장
# 무엇이 사업가를 만드는가

# 3장
# 어디든 기회의 땅이 될 수 있다

# 4장
# 한 사람이라도 더 행복해지는 세상

# 1장

쓸모없는 사람도
보잘것없는 삶도
없다

신입사원 면접을 볼 때, 나는 항상 묻는다.
"누구를, 무엇을 위해 회사에 다니고 일합니까?"
저마다 일하는 이유는 다를 수밖에 없다. 나도 안다. 듣고 싶은 답이 정해져 있지는 않다. 다만, 일하는 이유가 명확해야 한다. 그것만은 분명하다. 돈을 벌기 위해서든, 자신의 영달을 위해서든 열심히 일할 준비가 되어 있는 사람은 분명한 '일하는 이유'가 있다. 다른 말로는 사명이나 미션이라고도 하는 이 '일하는 이유'가 있는 사람은 흔들릴지언정 포기하지 않는다. 그러나 이는 누가 만들어주거나 가르쳐주지 못한다. 스스로 찾아내야 한다. 길고 고단한 시간이 될 수도 있다. 나 역시 30여 년을 살아온 후에야 내가 일해야 할 이유를 찾아냈다. 한 가지 확실한 것은 지금까지 어떤 삶을 살아왔건, 일하는 이유가 무엇이건, 세상 모든 사람에게는 존재의 이유가 있고 그만큼의 가치도 있다는 것이다. 그러니 지금부터 풀어놓을 내가 일하는 이유가 무엇인지보다는 그 이유를 찾아내기까지의 과정을 잘 봐주길 바란다. 나아가 그 과정이 부디 당신이 일할 이유를 찾는 데에 도움이 되기를 기원한다.

# 누구도 가난을
# 선택하지 않는다

내가 태어나고 어린 시절을 보낸 1950년대는 모두가 힘든 시기였다. 먹고살기도 벅찬 하루하루를 보내면서 꿈을 갖기란 쉽지 않다. 나도, 가족도, 친구들도 기껏해야 '잘 먹고 잘사는 것'이 유일한 꿈이자 목표였다. 그때는 그런 시절이었다. 그럼에도 충실히 살아가다 보니 어느 순간 내가 어떤 사람이 되고 싶은지, 무엇 또는 누구를 위해 어떤 일을 해야 하는지가 보였다. 내가 잘나서가 아니다. 나를 일깨워주는 사람들을 만났고, 그들의 말에 귀를 기울인 결과였다. 그 시작은 허름한 외양간이었다.

## 외양간에서 태어난 아이

사람들 앞에서 강연이나 프레젠테이션을 할 때면 나는 내 이름을 이렇게 소개한다.

"병들 병 자에, 구더기 구 자를 쓰는 이병구입니다."

우스갯소리로 마음의 벽을 조금 더 쉽게 허물고자 하는 것인데, 여기에는 또 다른 장점도 있다. 사람들이 내 이름 석 자를 절대 잊을 수 없다는 것이다. 나는 사람들 앞에서 스스로를 낮추는 것에 익숙한데, 이는 어머니가 늘 내게 하시던 말씀을 가슴에 새기고 살기 때문이다.

"너는 외양간에서 태어났으니 교만하지 말고 항상 겸손해라."

나는 정말로 외양간에서 태어났다. 1955년 보리타작이 한창이던 늦봄, 충청도 한 자락이었다. 지금이야 출산은 병원에서, 산후조리는 전문 시설에서 하는 것으로 여기지만, 그때는 집에서 아이를 낳는 게 당연했다. 그만큼 가난하고 어려운 시절이었다. 우리 집 역시 가난했다. 모두가 힘든 와중에도 특히 가난한 축이었으니 지금으로서는 상상하기도 힘들 정도로 열악했다. 다섯 남매가 여러 친척 집에 뿔뿔이 흩어져 살아야 할 정도였다. 나는 여섯 살 무렵 둘째 작은아버지 댁에 1년 정도 얹혀살았다. 여동생은 그나마 가장 가까이 있던 고모 댁에 맡겨졌는데, 어른들 걸음으로도 족히 서너 시간은 걸어야 할 거리였다. 가족들은 서로 부대끼며 살아가는 게 당연한 줄 알았는데, 그게 아니라는 것을 너무 이른 나이에 알아버렸다. 부모님은 부산에 정착하고 나서야 나를 데리러 오셨고, 그때 다시 가족이 모여 살 수 있었다.

## 순간의 선택이 삶과 죽음을 가르기도 한다

작은아버지 집에서 살 때의 일이다. 연한 새싹들이 피어오르던 봄날, 나이가 동갑인 사촌 두 명과 함께 배고픔을 달래기 위해 뒷동산에 올라갔다. 봄이 되면 늘 그랬듯이 우리들은 산에 지천으로 피어 있는 진달래꽃을 따 먹으며 주린 배를 채웠고, 이날도 꽃으로 겨우 배고픔을 해결하고 산에서 내려왔다. 그런데 집에 돌아오자마자 사촌들이 토하기 시작했고, 이내 나도 심한 복통이 시작되더니 온몸이 식은땀으로 젖어버렸다. 배가 뒤틀리는 느낌이 들었고, 속이 메스꺼웠다. 더 나올 것이 없을 정도로 게우고 설사를 했다. 기운이 쭉 빠져 서 있을 힘도 없었다. 그렇게 며칠을 고생했다. 알고 보니 우리가 먹은 것은 진달래가 아닌 철쭉이었다. 진달래와 비슷하게 생긴 철쭉에는 독성이 있어 정말 큰일 날 뻔했다고 들었다.

눈과 기억만 믿고 내린 선택으로 어린 나이에 죽음의 문턱까지 다녀온 셈이다. 이때의 경험 덕인지, 나는 어떤 판단 앞에서든 신중해졌고, 보이는 것만으로 결정을 내리지 않게 됐다. 진달래와 쏙 닮았지만 나의 목숨을 앗아갈 뻔했던 철쭉처럼, 때로는 별다른 차이가 없어 보이는 한번의 판단이 어떤 결과를 초래할지 알 수 없기 때문이다.

건강이 회복되자마자 작은아버지로부터 심한 꾸중과 함께 매를 맞았다. 매를 맞고 나니 어린 마음에 너무 서럽고 무엇보다 부모님이 보고 싶었다. 고모 댁에 가면 부모님을 만날 수 있을 거라는 생각으로 어른들 몰래 새벽길을 나섰다. 부모님과 함께 한 번 가본 어렴풋한 기억을 더듬어가며 10리 길을, 어른 걸음으로도 두세 시간이 족히 걸릴 먼 길을 먹을 것도 없이 새벽부터 무작정 걸었다. 얼마나 걸었을까. 점심 때도 한참이나 지났을 무렵 다리 위를 지나가는데 다리 밑에서 누군가가 나에게 내려오라고 손짓하며 소리치고 있었다.

"꼬마야, 어디 가니? 이리 와서 밥 먹고 가."

배도 고프고 몹시 지쳐 있던 나는 다리 밑으로 내려갈지 고민했지만, 배고픔보다는 얼른 엄마를 보고 싶다는 간절함이 더 컸던 터라 발걸음을 재촉했다. 어느새 해가 지고 산에 어둠이 깔리기 시작했고, 나는 희미한 기억에 의지한 채 캄캄한 산길에서 고모 집을 찾아야만 했다. 별의별 무서운 생각이 다 떠올랐다. 다행히 사촌이 나를 발견하고 고모 집으로 데려갔다. 고모는 그 먼 길을 어떻게 왔냐며 야단을 치면서도 반갑게 맞아주셨다. 나와는 달리 고모 집에 맡겨져 있던 동생도 만날 수 있었다. 내 나이 여섯 살 때 그 산길이 지금도 눈에 선하다.

다행히 산길에서 사촌을 만나 고모 댁으로 무사히 가면서 나의 하루는 해피엔딩으로 마무리되었지만, 돌이켜보면 어쩌면 그 길이 나에게 아찔한 순간이 됐을 수도 있겠다는 생각이 든다. 다리 밑에서 나를 부르던 그 사람이 나를 가엾게 여겨 밥 한 끼 먹이려고 했던 정말 좋은 사람이었을 수도 있지만, 어쩌면 전혀 다른 나쁜 목적을 가진 사람이었을 수도 있다. 당시 다리 밑에는 패거리를 이루며 구걸로 연명하는 부랑자들이 적지 않았고, 그때 내가 다리 밑으로 내려갔다면 다시는 가족 곁으로 돌아오지 못했을지도 모른다. 단 한 번의 선택이 삶을 송두리째 바꿀 수도 있을 정도로 중요하다는 걸 여섯 살 무렵 나는 이미 경험을 통해 알게 된 셈이다.

그 후에도 어른들이 알면 가슴을 쓸어내릴 이런 경험을 나는 여러 차례 겪었다. 이런 경험은 사람을 위축되게 만들기도 하지만 그만큼 도전 정신과 위기를 극복하는 힘도 심어준다. 나는 여러 차례 죽을 고비를 넘겼는데, 그때마다 조심성이 늘었고, 또 그만큼 더 단단해지기도 했다. 그리고 매번 더 나은 선택은 무엇인지는 물론이고, 나아가 내가 살아가야 할 이유를 더 깊이 고민했다. 그게 지금의 나를 만들었다고 해도 과언이 아니다. 사실 따지고 보면 그런 경험은 가난 탓이기도 했다. 굶주리지만 않았더라면 그게 철쭉이든 진달래든, 굳이 꽃을 따서 먹지도 않았을 테니 말이다. 그리고 이 지긋지긋한 가난은 쉽게 우리 가족을 놓아주지 않았다.

## 가난은 꿈조차 굶주리게 했다

기억하기조차 힘들 만큼 어릴 때부터 가난에 익숙해진 탓인지 나는 꿈이라고 할 만한 게 없었다. 그저 맛있는 걸 배부르게 먹을 수 있으면 좋겠다는 생각뿐이었다. 무언가가 되고 싶다거나 뭘 해보고 싶다는 생각은 고개조차 들지 못했다. 그야말로 꿈도 사치인 시대였다.

부산으로 이사하면서 가족이 다시 모여 살게 된 것은 좋았지만, 이곳은 네다섯 식구가 누우면 꽉 찰 정도로 좁았다. 부엌은 솥단지도 걸 수 없을 정도로 작았다. 배고픔도 여전해 가족들이 숲에 가서 썩은 나뭇가지를 꺾어 모아 한 지게 실어서 장에 내다 팔아도 옥수숫가루 한 되를 겨우 살 수 있을 정도였고, 그걸로 죽을 끓여 하루 한 끼 겨우 먹을 수 있었다. 세 끼를 다 챙겨 먹는 것은 기대하지도 않았다. 그나마 하루에 옥수수죽 한 그릇이라도 먹을 수 있으면 다행이었다.

그런 와중에도 살림이 좀 나아졌던 시기도 있다. 내가 열한 살 되던 무렵에 부모님이 시냇가에서 가져온 모래와 자갈을 팔면서 집안에 조금 여유가 생겼다. 건설 회사들이 자갈과 모래를 분리한 것을 사 갔다. 나도 부모님을 도와 모래에서 자갈을 골라내는 일을 거들었다. 이때는 단지 배를 곯지 않는다는 것만으로도 행복했다. 그러던 어느 날, 약주를 한잔 걸치신 아버지께서 집으로 돌아오시던 중 그만 발을 헛디뎌 다리 밑으로 떨어지면서 심하게 다치셨다. 결국, 한동안 일을 할 수 없게 됐고, 집은 다시 급격히 어려워졌다. 부모님은 하루가 멀다고 싸우셨고, 나는 또다시 굶주렸다. 급기야 어머니는 집을 나가셨고, 이후 몇 년이 지나서야 다시 돌아오셨다. 집안은 엉망이 됐다. 동생들과 함께 집안일을 도왔지만 역부족이었다. 일을 하실 수 없게 된 아버지를 대신해 형은 공장에서 돈을 벌었다. 나는 학교도 나가지 못하고 소가 있는 집마다 다니며 풀을 먹여주는 일과 잔일을 돕고 저녁에 동생들을 데리고 가서 밥을 얻어먹었다.

그 어려웠던 시기에도 행복했던 순간들은 있었다. 무지개를 볼 때와 소가 송아지를 가져 배가 불룩하게 불렀을 때다. 소의 배가 통통하면 소 주인들이 좋아하며 칭찬해줬고, 무지개를 본 그 순간만큼은 그냥 내 또래 다른 아이들처럼 "와, 무지개다!"를 외치며 잠시나마 배고픔을 잊을 수 있었기 때문이다.

지금의 초등학교, 당시의 국민학교도 다니지 못한 나는 어린 나이에 생업에 뛰어들었고, 꿈은 사치가 됐다. 아니, 꿈 이전에 내가 왜 살아가는지조차 생각할 수 없었다. 사람이 태어나고 살아가는 데는 다 이유가 있을 텐데, 그 이유를 생각해본 적도 없었던 것 같다. 열한 살 남짓한 아이가 할 수 있는 일이라야 뻔해서 그날그날의 끼니조차 해결하기에 벅찼으니 말이다.

또래 아이들이 노는 모습과 학교에 다니는 모습을 볼 때 그게 그렇게도 부러웠다. 나도 저렇게 놀고 싶고, 부모님에게 어리광도 피우고 싶었다. 하지만 집안 형편을 뻔히 아는 처지에 그럴 수가 없었다. 사실 크게 불만을 느끼지도 않았다. 아버지는 항상 힘들 때일수록 형제끼리 뭉쳐야 한다고 강조하셨는데, 워낙 어릴 때부터 그런 말을 듣다 보니 집안이 어려우면 형제와 가족을 위해 학교를 포기하고 일하는 게 당연하다고 받아들인 것 같다. 또한, 아버지는 작은 것 하나도 나눌 줄 아는 사람이 되어야 한다고 가르치셨다. 그 말이 어떤 의미인지 깨닫기도 전부터 나는 내가 일한 대가로 받은 것들을 가족에게 아낌없이 주었다. 말 그대로 콩 한 쪽도 나눠 먹는 게 당연하다고 여겼다. 꿈이나 행복 같은 것은 생각할 겨를도 없었다. 그렇게 내 인생은 점점 나를 희생해 가족을, 친지를, 다른 사람을 위해 살아가는 삶으로 흘러갔다. 왜 살아야 하는지는 몰랐지만, 가족을 돕기 위해서라도 어떻게든 난 살아야 했다.

# 한마디 말로
# 인생이 바뀌기도 한다

꿈을 꿀 수 없다는 것은 슬픈 일이다. 꿈은 사람의 그릇을 키우고 가치를 높인다. 특히 어린 나이에는 꿈을 갖는 것 자체가 큰 힘이 된다. 하고 싶은 일, 되고 싶은 사람, 이루고 싶은 무엇이 있을 때 잠재력을 터뜨릴 수 있다. 반대로 자신의 가치를 낮춰보기 시작하면 어떠한 재능도 꽃피우지 못한다.

남들 다 다니는 초등학교도 다니지 못하고, 하루 종일 고되게 일해도 끼니 걱정에 허덕일 정도로 낮은 품삯을 받으며 일하다 보니, 어릴 때부터 나는 스스로를 제한했다. 꿈을 갖기는커녕 배고픔만 면할 수 있다면 무엇이든 하겠다는 생각뿐이었다. 나는 무가치하고 아무것도 할 수 없는 사람이라는 '패배자 마인드'에 점점 젖어 들고 있었다. 그러나 사람은 누구나 자신의 역할이 있고 가치가 있다. 자신이 스스로를 믿는 것이 먼저다. 만약 스스로를 믿지 못한다면, 나를 믿는 누군가를 찾는 것도 좋다. 때로는 누군가의 믿음이 담긴 한마디가 삶을 바꿔놓기도 하는 법이다.

## "너는 잘될 놈이야"

열두 살이 되던 해, 구두닦이를 하며 본격적으로 일을 시작했다. 이때부터는 기억하기도 어려울 만큼 다양한 일을 했다. 날품팔이보다 돈이 된다고 해서 월급을 받을 수 있는 모자 공장에 취직하기도 했다. 모자 공장에서의 하루는 아침 7시부터 밤 10시까지 내내 일하는 강행군이었다. 몇 달 일하고 나니 버티기 어려울 만큼 힘이 들었다. 한번은 공장 사장이 부모님께 드리던 월급 한 달 치를 나에게 주면서 부모님께 가져다드리라고 했다. 어렴풋한 기억으로는 2천5백 원 정도였던 거 같다. 때는 나무에서 연두색 새싹이 돋아나던 봄이었다. 피어오르는 봄을 보고 있으려니 나도 어디로든 떠나고 싶었다. 공장에서 받은 월급을 부모님께 드리지 않고 가방에 챙겨 넣고, 무작정 서울역으로 달려갔다. 기차를 타고 내 고향 충청도 어디쯤 이름도 기억나지 않는 역에 내려서, 누구를 만나겠다는 계획도, 어디를 가겠다는 계획도 없이 그저 고향을 향해 시골길을 걷고 또 걸었다. 그런데 한참을 가다가 산 중턱쯤 이르렀을 때, 문득 이런 생각이 들었다. '이제 고향에는 아무도 없는데 지금 가봐야 뭘 하지?' 그렇다고 다시 돌아가기는 죽어도 싫었다. 이러지도 저러지도 못하고 있는데, 저쪽에서 할머니 한 분이 올라오는 모습이 보였다. 왜소하고 등이 굽은 할머니가 커다란 보따리를 머리에 얹고, 한 손에는 그만한 보따리를 또 들고 계셨다. 나는 얼른 가서 할머니가 들고 있는 짐을 들어드렸다.

"학생 덕분에 편하게 가네. 이 동네 살아?"

함께 언덕을 넘는 동안 나는 할머니에게 그간의 이야기를 했다. 언덕을 다 내려왔을 즈음, 할머니는 잠시 앉아 쉬어 가자고 하셨다. 그러고는 내 얼굴을 한동안 보시다가 손을 내밀어보라고 하셨다. 할머니는 내 오른손을 착 펼쳐 이리저리 보시더니 대뜸 말씀하셨다.

"돌아가."

"네?"

내가 되묻자 할머니는 내 눈을 들여다보며 차분하지만 단호한 목소리로 말씀하셨다.

"내가 손금이랑 관상을 좀 볼 줄 알거든. 너는 남쪽으로 가야 잘돼. 이쪽으로 가면 망해. 그러니까 얼른 돌아가."

그 지옥 같은 곳으로 다시 돌아가라는 말씀에 나는 숨이 턱 막혔다. 공장으로 돌아가면 하루 15시간씩 쉴 새 없이 일하는 고된 생활이 기다리고 있을 테니 말이다. 내 생각을 읽기라도 한 것처럼 할머니가 인자하게 웃으며 어깨를 다독이셨다.

"살다 보면 힘들 때도 있고 좋은 때도 있는 거야. 나 같은 늙은이도 사는데 너처럼 창창한 애가 못할 게 뭐 있나? 그리고 관상을 보니까 넌 잘될 놈이야. 그러니까 돌아가."

가만히 어깨를 토닥이는 할머니의 손이 이렇게 말하는 것 같았다. '괜찮다. 살다 보면 괜찮은 날도 올 게다. 조금 방황할 수도 있지만, 그 것도 다 괜찮단다.' 처음이었다. 누군가가 내게 괜찮다고 말해준 것도, 지금보다 좋은 날이 올 거라고 말해준 것도, 무엇보다도 나를 '잘될 사 람'이라고 말해준 것도 모두 처음이었다. 뭘 하는 사람인지도 모르는, 처음 본 할머니의 말씀 한마디는 내게 큰 위로가 되면서, 무엇보다도 믿음과 희망을 주었다. '그래, 지금보다 훨씬 행복하게 살 수 있을지도 몰라. 어쩌면 나는 평생 공장에서 똑같은 일만 할 사람이 아니라 더 큰 것을 이뤄낼 사람일 수도 있어!' 할머니 말에 마음을 바꾼 나는 엉덩이 를 털고 일어나 꾸벅 인사를 했다. 왔던 방향으로 다시 가는 나에게 할 머니는 손을 흔들었다. 뒤돌아보지 말고 앞으로만 곧장 나아가라는 듯 이. 그렇게 처음 본 할머니의 한마디가 나의 삶을 바꾸어놓았다.

## 내가 바뀌면 모든 것이 바뀐다

짧은 일탈을 끝내고 돌아왔을 때, 공장 관리자는 나를 호되게 꾸짖 었다. 무단결근을 했으니 각오한 일이었지만, 예상보다도 심하게 혼을 냈다. 그러나 단 하루 사이에 나는 마치 다른 사람이 된 것처럼, 관리자의 꾸짖음도 묵묵히 넘겼다. 그전 같았으면 속으로는 불평을 잔뜩 늘어놓고 관리자를 욕했을 것이다. 그러나 나는 그러는 대신 내 잘못을 인정하고, 관리자의 화가 풀릴 때까지 고개 숙여 사과했다.

그때부터는 일하는 태도도 달라졌다. 매사 긍정적인 자세로 임했다. 무슨 일을 하든 마지못해서 하는 게 아니라 이왕이면 즐겁게 하려고 노력했다. 어떻게 하면 더 능률을 올릴 수 있을지 고민했다. 꾀를 피울 바에는 차라리 효율적인 방법을 찾아서 일을 더 빨리, 더 많이 해놓자는 생각에 이리저리 궁리하며 일하는 습관이 이때 생겼다. 사소하게는 자세나 서 있는 위치를 조금 바꾸는 것만으로도 허리가 덜 아파서 능률이 올랐다. 그전이라면 일하는 방식 같은 것은 따져볼 생각조차 하지 않고 그저 시키는 대로만 했을 것이다. 그러나 나는 '잘될 놈'이니 무슨 일이든 잘해야 했고, 잘하려면 잘할 방법을 찾아야 했다.

이런 마음가짐은 이후에 무슨 일을 하든 항상 도움이 됐다. 신문팔이를 할 때도 그랬다. 내가 배달한 만큼 돈을 받는, 나름 합리적인 시스템이었는데, 신문이 너무 무거워서 내가 가지고 다닐 수 있는 양이 한정적이었다.

처음에는 한 곳이라도 더 배달하고 싶어 마음만 조급해져서 발길

닿는 대로 이 집 저 집을 다녔다. 그러다 보니 시간은 시간대로 들고 금방 지쳤다. 이대로는 안 되겠다는 생각이 들었다. 어떻게 해야 더 짧은 시간에 힘은 덜 들이면서 더 많은 신문을 배달할 수 있을지 생각해 봤다. 찾아낸 답은 간단했다. 밀집된 곳을 먼저 하면 짧은 시간 안에 많은 양을 배달할 수 있다. 그럼 전체 신문의 무게가 줄 테니 다른 곳들을 배달하기도 수월할 터였다. 방법을 바꾼 후로는 실제로도 더 빨리, 더 많은 신문을 배달할 수 있었다. 말 그대로 '생각해보면' 당연한 이 방법을, 어리고 요령이 없던 데다가 변화의 의지조차 없이 되는 대로 살아가던 당시의 나는 마음가짐을 바꾸고 나서야 알아낸 것이다.

이후에 시곗바늘 공장과 배터리 공장에서도 일했는데, 어떻게 하면 옆 사람보다 더 많이 만들 수 있을까를 궁리했다. 동료들은 간단한 일인데 그냥 하면 되지 뭘 그렇게 고민하느냐? 말했지만, 나는 계속해서 효율적인 방법을 찾으려고 애썼다. 그 결과, 날이 갈수록 숙련도가 높아지면서 같은 시간에도 남들보다 많이 만들어낼 수 있었다. 공장 측에서도 흡족했는지 기대하지도 않았던 보너스를 주기도 했다.

내 생각이라는 것 없이 그저 가르쳐준 대로, 정해진 대로만 하던 내가 이토록 달라진 이유는 단순했다. 그전까지는 스스로를 볼품없고 무가치한 사람으로 여겼고, 잘난 것도 없고 잘하는 것도 없으니 큰 꿈을 꾸는 것은 언감생심 상상조차 하지 못했다. 그러나 스스로를 믿고 가능성과 꿈을 생각하기 시작하자 변화가 생겨났다. 모든 것은 이런 관점과 마음가짐의 변화에서 시작됐다. 이처럼 사람은 마음가짐을 바꾸고 자신을 믿는 것만으로도 삶을 바꿀 수 있다. 그리고 내게 이런 마음가짐을 심어준 것은 다름 아닌 처음 본 할머니의 한마디였다.

# 타인의 행복이
# 곧 나의 행복이었다

비록 팍팍한 형편이었지만 부모님은 내가 바르게 나아갈 수 있도록 애쓰셨다. 특히 아버지는 사람이 해야 할 도리나 지켜야 할 것들에 대한 말씀을 아끼지 않으셨다. 그것이 내가 어려운 상황에도 나쁜 일에 눈 돌리지 않고 성실하게 살아가는 데 많은 역할을 했다. 더불어 자신만이 아닌 다른 사람을 위하고 배려하는 마음을 심어주었다.

그리고 나는 남을 행복하게 할 때 나 자신도 행복하다는 것을 깨달았고, 조금씩 더 다른 사람의 행복을 위해 살아가기 시작했다. 이러한 목표는 막막할 정도의 어려움 앞에서도 흔들리지 않게 해주었고, 중요한 선택 앞에서 최선이 무엇인지를 판가름하는 기준이 되었으며, 지치지 않고 일하는 원동력이 되어주었다.


## "네 주제에 누굴 조롱하느냐!"

내가 어렸을 때는 몸과 마음이 성치 않아 구걸로 연명하는 사람들이 심심찮게 있었다. 6·25의 아픔이 아직 짙게 남아 있던 시절이라서 더욱 그랬을 것이다. 하루는 형들과 친구 몇 명까지 모여서 그런 사람들을 따라다니며 놀려댄 적이 있었다.

"야, 이 거지야! 우리 동네에는 왜 왔어?"

누가 꺼낸 말인지는 몰라도 다들 왁자지껄하게 웃어댔다. 나 역시 깔깔대며 배를 붙잡고 웃었다. 그런데 마침 근처를 지나가시던 아버지께서 이를 보고는 우리를 엄하게 꾸짖으셨다.

"너희도 거지나 마찬가진데 누굴 조롱하느냐! 누가 너희더러 거지라고 손가락질하면 기분이 어떻겠느냔 말이다!"

당시에는 그저 혼이 났다는 생각에 눈물이 찔끔 났을 뿐이지만, 시간이 조금씩 지나면서 아버지 말씀에 공감이 됐다. 가난하기로 따지자면 아버지 말씀처럼 우리도 거지와 크게 다를 것 없었다. 그저 그들에게는 울타리가 되어줄 집과 가족이 없고, 운이 좋게도 나는 돌봐주는 가족과 허름하긴 해도 비바람을 막아줄 집이 있다는 것뿐이었다. 만약 아버지가 안 계신다면? 형, 동생들과 뿔뿔이 흩어져 혼자 남게 된다면? 그럼 나는 내가 놀려댄 사람과 같은, 아니 오히려 더 불쌍한 어린 거지가 되지 않겠는가! 그런 생각이 들자 부끄러움에 얼굴이 화끈거렸다. 동시에 내가 특별할 것 없는 인간임을 다시 한번 깨닫게 됐다. 그때부터는 남에게 듣기 싫은 소리 하지 말고 피해 주지 말라는 아버지 말씀을 유념하며 다른 사람 입장에 서서 생각하려고 노력했다.

학교를 그만두고 일을 하고는 있었지만, 나는 어린아이였다. 가난 때문에 늘 춥고 배고팠고, 친구들과 달리 군것질 한번 제대로 못 하니 어린 마음에 부모님을 원망하기도 했다. 그러나 아버지의 가르침을 가슴에 새겨 다른 사람 입장을 먼저 생각해보게 되면서 불평과 불만이 많이 사라졌다. 내가 이렇게 힘들다면 우리를 먹여 살리는 부모님은 얼마나 힘드시겠는가! 그리고 보니 형은 나보다 일을 더 많이 하면서도 불평 한마디 없었다. 나도 동생들에게 그런 형, 오빠가 되고 싶었다. 그때부터는 나보다 다른 사람을 먼저 생각하는 습관이 생겼다.

내가 뭔가 도움을 줄 수 있는 대상은 가족, 그중에서도 동생들이었고, 해줄 수 있는 일도 뻔했다. 아주 사소한 것들이었는데, 이를테면 명절이나 생일 같은 날이면 부모님이 특별히 해주신 고기나 맛있는 반찬을 동생들에게 양보하는 식이었다. 별것 아닌 일이지만, 그 나이에, 그 상황에서는 내가 해줄 수 있는 최선이었다. 침을 꼴깍 삼키며 두 눈을 질끈 감고 참아야 했지만, 동생들이 환하게 웃으며 맛있게 먹는 모습을 보면 보상받고도 남는 기분이었다. 부모님이 가끔 우리를 보며 너희 먹는 모습만 봐도 배부르다고 하셨던 말씀을 조금은 알 것 같았다. 아마도 이때부터 다른 사람을 기쁘게 하는 데서 나의 행복을 찾지 않았을까 한다.

## 어떤 일이든 누군가를 기쁘게 할 수 있다

돌이켜보면 나는 무슨 일을 할 때든 상대방의 기분을 살폈던 것 같다. 말 그대로 안 해본 일이 없을 정도로 다양한 일을 해봤는데, 그때마다 그랬다. 내 세대에서 '안 해본 일이 없다'고 한다면 대부분 신문이나 우유 배달, 구두닦이를 떠올리는데, 그만큼 누구나 쉽게 시작할 수 있었다. 하지만 고된 일에 비해 큰돈은 되지 않았다. 나도 역시 구두닦이 일을 했었다. 처음에는 구두약 뚜껑 여는 법도 몰라서 한참을 혼자 낑낑댔다. 납작한 구두약 통의 옆면에 달린 레버를 돌리면 쉽게 열리는데, 난 그 레버가 왜 거기 달려 있는지도 몰랐다. 같이 일하던 형은 그런 나를 한참이나 구경하듯 지켜보다가 알려주었다.

내가 쪼그려 앉아 구두를 닦는 동안 손님들은 신문을 보거나 담배를 피웠는데, 한 번씩 나를 힐끗 보기도 했다. 그럴 때면 나는 혹시 실수라도 한 건 아닐까 싶어 심장이 덜컥 내려앉을 만큼 조마조마했다. 손님들이 시간과 돈이 아까웠다고 생각하지 않게 하겠다는 생각으로 나는 정말 필사적으로 닦고 또 닦았다. 그렇게 공들여 닦은 구두에서 광이 나면 손님들 대부분은 만족하며 돌아갔다. 돈도 돈이지만, 손님들의 그 흡족해하는 표정이 나에게는 힘이 되었다.

신문 배달이든 구두닦이든 청소든 공장 일이든 닥치는 대로 했고, 그때마다 성실히 일했다고 자부한다. 아버지의 말씀에서 내가 특별하거나 잘난 것 없는 사람이라는 사실을 알게 됐으니, 나로서는 열심히 하는 것밖에 인정받을 방법이 없었고, 그렇게 성실하게 일할 때마다 실제로 인정을 받았기 때문이기도 하다. 그 모습을 지켜본 지인이 미군 부대의 급사給仕 자리에 나를 추천해주었다. 급사라고 하면 뭔가 대단해 보이지만, 청소와 잔심부름을 하는 사람이었다.

화단을 가꾸는 일도 내 몫이었다. 누가 시킨 것도 아닌데 나는 매일 매일 해바라기와 코스모스를 심었다. 사무실에서 부대 입구까지 양쪽 길에 이 꽃들이 활짝 피면 얼마나 예쁠까 오직 그 생각이었다. 여름에 심은 묘목들이 잘 자라는 모습을 보면서 걷는 것만도 이렇게 신나는데 가을이 되어 활짝 핀 코스모스와 해바라기를 보면서 걷는 길은 정말 신나고 행복할 거 같았다. 가을 햇살에 해바라기와 코스모스가 이곳저곳에서 활짝 만개하기 시작했다. 그 길을 걷는 나는 너무 신나고 기분이 좋았다. 그 길을 걷고 싶어 출근도 빨리할 정도였다. 그런데 그 길을 좋아하고 걷고 싶었던 것은 나뿐만이 아니었다. 일주일에 몇 번씩 지나다니던 미군 병사들이 사무실에 와서 꽃이 너무 예쁘다며 칭찬을 아끼지 않았다.

"Wow! So beautiful! Who planted the flowers?"

사실 그때는 알아듣지 못했지만, 아마도 칭찬이었던 것 같다. 나는 그저 좋아서 했을 뿐인데 누군가가 이렇게 반응하니 기분이 묘했다.

그리고 그 순간, 나 스스로는 보잘것없고 하찮다고 여겼던 일이 누군가를 기쁘게 해줄 수도 있다는 사실에 갑자기 모든 것이 달라 보였다. 물론 그전까지도 다른 사람을 기쁘게 해주고 싶어 무슨 일이든 열심히 해왔지만, 이렇게 격하게 기쁨을 표현해준 사람들이 있다는 것이 정말 고마웠다. 공들여 한 일과 그 결과를 인정받아서 기쁘기도 했지만, 누군가가 행복해하는 모습 자체가 기쁨이었다. 더욱이 구두닦이 때처럼 내게 돈을 지불한 손님도 아닌, 그저 지나가던 누군가가 이렇게 기뻐할 수 있다니, 내가 지금껏 해왔고 지금도 하고 있는 모든 일, 앞으로 할 어떤 일도 모두 가치가 있을 거라는 생각이 들었다. 그리고 이런 기분을 좀 더 느낄 수 있으면 좋겠다고 생각했다. 마치 행복이나 기쁨이 전파되는 것만 같았다. '내가 조금만 희생하고 양보하면, 조금 더 땀 흘리면 다른 사람에게 도움이 되고 기쁨을 줄 수 있구나!'

이때부터는 성실하게 보이기 위해서나 성실함을 어필하기 위해서가 아니라, 지금 내가 흘린 땀방울이 언제, 어디서, 누구에게 기쁨이 될지 모른다는 생각에 더욱 성실히 일하게 됐다. '누군가에게 기쁨을 주는 일'이라는 생각에 고되게 일하면서도 불평보다는 즐거움이 더 커졌다. 그렇기에 남을 위하는 일이 곧 나를 위한 것이기도 했다.

## 아버지의 이름으로

열여덟 살 되던 해에 나는 삶이 송두리째 흔들리는 큰 상실을 겪었다. 힘든 삶 속에서도 나를 지탱하는 뿌리 같았던 아버지가 돌아가셨다. 세상이 무너져 내리는 것만 같았다. 슬픔에 통곡도 했고, 나와 형제들에게 왜 이런 시련을 주는지 하늘을 원망하기도 했다. 앞으로 누구에게 의지해야 하는지 막막한 마음에 다 때려치우고 싶은 생각도 들었다. 그러나 이내 마음을 고쳐먹었다. 아버지라면 내가 슬픔에만 빠져 있기보다는 의연하게 살아가기를 바라실 것이다. 그런 마음으로 아버지를 보내드렸다. 친척들이 챙겨준 약간의 돈과 먹을 것을 받아 들고 서울행 기차를 탔다. 자리에 앉자마자 옆자리 아저씨가 말을 걸어왔다.

"내가 지금 너무 배가 고파서 그런데, 혹시 보따리에 그거 먹을 거냐?"

그렇다고 대답했더니 음식을 조금 나눠 달라고 하셨다. 그 말에 나는 아저씨를 뚫어지게 쳐다봤고, 어린 내 눈에도 너무 배고프고 힘들어 보였다. 나는 망설임 없이 보따리를 풀었고, 친척들이 챙겨준 전과 떡, 과일을 꺼내 몽땅 아저씨께 드렸다. 그는 며칠 굶은 사람처럼 허겁지겁 음식을 먹더니 어느 정도 배가 찬 후에야 조금 민망하다는 얼굴로 이야기를 꺼냈다. 자신은 고아원 원장인데 사기를 당해서 남은 게 아무것도 없다고 했다. 아저씨는 땅이 꺼지도록 한숨을 쉬었고, 한참 동안 많은 이야기 들려주었다. 어느새 기차는 서울역에 도착하고 있었다. 나는 얼른 가방을 열어 친척들이 모아서 준 돈을 꺼내 아저씨 손에 쥐여 주었다.

"먹을 걸 나눠준 것만도 고마운데 이렇게까지⋯⋯."
"저희 아버지도 제가 이렇게 하길 바라셨을 거예요."

연신 고맙다며 눈물짓는 아저씨를 보며 나는 오히려 기운을 얻었다. 살아갈 힘을 되찾은 기분이 들었다. 어쩌면 이 아저씨는 낙심해 있던 내게 삶의 이유를 잊지 말라고 아버지가 보낸 선물일지도 모른다는 생각이 들었다. 다른 사람을 위하는 삶을 살아야겠다는 각오를 다시 한번 다지며, 나는 기차에서 내렸다.

# "네가 잘돼야
# 남도 도울 수 있는 거야"

　'다른 사람을 위해서 살아간다'는 말을 들으면 어떤 생각이 드는가? 자기 자신은 굶으면서도 다른 사람에게 내 밥을 내어주는 것? 뼈 빠지게 일해서 돈을 버는 족족 기부하는 것? 하루 12시간 일하고 퇴근한 후에는 밤새워가며 봉사 활동을 하는 것? 모두 훌륭한 행동이다. 박수받아 마땅하다. 그러나 자신의 모든 것을 희생해가며 남을 돕는 것만이 타인을 위한 삶은 아니다. 때로는 자신부터 돌보는 것이 다른 사람에게 더 큰 도움을 주는 밑거름이 되기도 한다. 나는 그런 사실을 은인이라 부를 만한 귀한 분을 만난 후에야 알게 됐다.

## "나는 못 누렸어도 동생들은 다 하게 해줄 거야!"

열 살이 되기 전부터 생업에 뛰어든 나는 꿈이 없었고, 꿈을 꿀 자격도 없다고 생각했다. 그러다가 어느 할머니의 한마디에 나 같은 사람도 잘될 수 있다는 희망을 얻었다. 아버지의 가르침 덕분에 자만하지 않게 됐고, 다른 사람을 배려하는 자세와 성실함을 배웠다. 미군 병사들의 환한 표정과 미소에서 남들을 위한 삶이 나에게도 행복이 될 수 있음을 깨달았다. 그때부터 나는 다른 사람을 위해 살기로 했고, 가장 가까이서 도움을 줄 수 있는 대상인 동생들에게 헌신했다.

TV에서 한 NBA 농구선수 이야기를 보았다. 아프리카 출신의 그리스 국적자인 이 선수는 어릴 때부터 형제들과 길거리에서 신발을 팔아 생활비에 보탤 정도로 집이 어려웠다. 다소 늦은 나이에 농구를 시작했지만 뛰어난 재능과 성실함으로 세계 최고의 무대인 NBA에 진출한 그는 번 돈을 모두 가족에게 보냈다. 그런데 신인 시절, 실수로 차비도 남기지 않고 몽땅 송금하고 말았다. 한겨울에 몇 시간이나 걸리는 숙소까지 걸어서 가던 그를 한 팬이 발견해 차로 데려다줬다. 그 팬은 이 일화를 공개하면서 누군가 그 선수에게 따뜻한 옷을 사줬으면 좋겠다고 말했다. 그렇게 겨울옷 하나 사지 않고 아낀 돈을 몽땅 가족에게 보낸 것이다.

　10대 중반의 내 삶이 딱 그랬다. 동생들에게 그야말로 '헌신'했다. 친구들은 중학교에서 공부하고 있을 어린 나이에 아침 7시부터 밤 11시까지 공장 일을 해서 번 돈을 몽땅 아버지께 드려 동생들을 돌보게 했다. 나는 초등학교도 못 마쳤지만, 동생들만은 공부도 하고 대학도 가서 성공하길 바라는 마음뿐이었다. 억울하다는 마음은 조금도 없었다. 동생들이 성공할 수만 있다면 무엇이든 할 생각이었다. 다만 내가 할 수 있는 일이라야 뻔했는데, 하나같이 벌이가 적어서 동생들에게 줄 수 있는 도움도 뻔했기 때문이다.

　다행히 무슨 일이든 성실히 한 덕에, 앞서 말한 것처럼 미군 부대 안에 있는 건설 현장 감독관 사무실에서 급사로 일할 수 있게 됐다. 당시의 내게는 상대적으로 편하면서도 벌이가 괜찮은 일이었다. 실제로 그 일을 하고 싶어도 하지 못하는 사람이 많았다. 좋은 일자리이긴 했지만, 한국 사람들과 미국 사람들이 같이 일하는 곳이기 때문에 낯선 환경에 적응하기가 쉽지는 않았다. 미국 사람들은 그야말로 기골이 장대한 데다 다들 영어를 써서 나에게 말을 걸어와도 무슨 말이지 알아들을 수가 없었다. 급사 일이라는 것이 주로 청소와 한국 감독관들의 잔심부름이었는데, 특히 행정 담당 사무관님은 유일한 한국 여성이었고 그분의 심부름을 도맡아서 했다. 1970년대 당시 대학을 나오고 사무관으로 일하고 있는 그 당당한 모습이 정말 대단해 보였다. 군부대 안에 있는 건설 현장 감독관이라서 그런지 사무관님 역시 초반에는 매우 엄격해서 먼저 다가가기 어려웠다. 그분도 급사로 온 촌놈 꼬맹이가 한국 사람이어서 창피했을 수도 있다. 나는 영어를 한마디도 못 했고, 심지어 한글도 제대로 읽고 쓰지를 못 했으니 그분 입장에서는 처음 얼마 동안은 나를 없는 사람처럼 무시하시기도 했던 것 같다. 그래도 나는 항상 그랬듯 묵묵히, 성실하게 맡은 일을 해 나갔다. 출근 시간보다 조금 더 일찍 나와서 사무관님 책상도 매일 깨끗이 닦고 정리 정돈을 했다. 잘 보이고 싶어서가 아니라 급사가 하는 일이고, 내가 보기에 정말 대단한 사람에 대한 예의라고 생각했기 때문이다.

그런 성실함 덕분인지 시간이 지날수록 사무관님도 마음을 여셨고, 내게 이런저런 조언도 해주셨다. 일 관련해서만이 아니라 인생 선배로서의 조언도 뼈가 되고 살이 됐다. 돌이켜보면 당시의 그분은 내게 멘토가 되어준 셈이다.

## "너부터 잘돼야 동생들도 도울 수 있지 않겠어?"

하루는 부대 안의 도로에서 우연히 지갑을 주웠다. 낡고 아주 오래
되어 보이는 가죽 지갑이었다. 그 안에는 달러가 두둑이 들어 있었다.
아버지의 교육 덕분인지 그 돈을 보고도 욕심을 내지는 않았다. 사실
그게 얼마나 되는 돈인지 알지도 못했고, 달러가 있어도 내가 쓸 수도
없었을 것이다. '아이고, 꽤 큰돈 같은데……. 잃어버린 사람은 얼마나
애가 탈까?' 곧장 주인을 찾아주고 싶었으나, 지갑을 뒤져봐도 연락처
같은 것은 없었다. 주소처럼 보이는 뭔가가 쓰여 있긴 했는데 영어라
서 알 수가 없었다. 사무관님이라면 방법을 아실 것 같아서 지갑을 들
고 찾아가 말씀드렸다.

"주인 찾아줄 수 있으면 좋겠는데, 연락처가 없으니 방법이 없네.
우체국에 보내야겠다."
"받아. 원래 이럴 때는 주운 사람이 사례비 받는 거야."

사무관님은 그렇게 말씀하시더니 지갑에 들어 있던 돈의 일부를 내
게 주셨다. 그냥 보기에도 큰돈이라 정말 받아도 되는 걸까 싶어 가슴

이 두근거렸다. 하지만 이 무렵에 나는 사무관님을 매우 잘 따랐기에 믿고 받기로 했다. 그리고 사무관님이 얼떨떨한 내게 물으셨다.

"그 돈은 어디에 쓸 거니?"
"동생들 학비에 보태겠습니다."

나는 별다른 고민도 없이 대답했다. 몇 달 치 생활비로도 충분한 돈인 것 같았지만, 어차피 생활비는 월급으로도 해결됐으니 고민할 것도 없었다. 사무관님은 나를 한동안 빤히 바라보셨다. 그렇게 말없이 나를 응시하신 건 처음이라 조금 당황스러웠고 송구한 마음이었다. 그리고 잠시 후, 사무관님은 진중한 목소리로 말씀하셨다.

"참 기특하구나. 그런데 내 생각에는 우선 네가 잘돼야 동생들을 이끌어갈 수 있을 것 같아. 네가 잘돼야 동생들이 진짜로 필요로 할 때 도와줄 수 있을 거야. 무슨 말인지 알겠니?"

그러면서 지금부터 나의 누님이 되어주겠다고 하셨다. 나는 뛸 듯이 기쁘면서 동시에 머리를 한 대 세게 얻어맞은 것 같은 느낌이었다.

그런 생각은 해본 적이 없었기 때문이다. 지금껏 나 하나 고생해서 동생들이, 가족이 잘될 수만 있다면 그걸로 족하다고 생각했다. 동생을 위해 희생하는 것이 나의 역할이고, 그게 나의 행복이라고 여겼다. 그게 내 삶이고 내 존재 이유라 믿었다. 다른 삶은 생각해본 적도 없었다. 그러나 누님의 말씀을 듣고는 머릿속이 멍해졌다. 따지고 보면 맞는 말씀이었다. 당장 먹고살기도 힘든데 다른 사람을 돕는다는 건 고결해 보일 수 있지만, 길게 보면 둘 다 망치는 길일 수도 있다. 우선 내 삶이 안정되고 내가 더 잘되면 다른 사람도 그만큼 더 잘 도울 수 있을 것이다. 급사 월급으로는 기껏해야 동생들이 굶지 않을 정도로 뒷바라지하는 게 전부였다. 내가 돈을 더 잘 벌 수 있다면 동생들에게도 더 큰 도움을 줄 수 있을 것이다. 무조건 희생만 하는 게 답이 아니다. 비행기에서 비상사태가 벌어지면 저절로 산소마스크가 내려온다. 다른 사람을 돕고 싶다면 자신의 마스크부터 써야 한다. 누구도 그런 행동을 이기적이라고 하지 않는다. 내가 살아남아야 남도 살릴 수 있기 때문이다. 가족을 위한다는 명목으로 내 앞가림조차 하지 못하는 상황을 사실상 방치하고 있었다는 것을 나는 누님의 말씀을 듣고서야 깨달았다.

그날 이후로 누님이 조금은 더 따뜻하게 느껴졌다. 누님도 나를 한

결 편하게 대하시기 시작했고, 알게 모르게 많이 챙겨주셨다. 아마도 어린 나이에 동생들을 위해 희생하는 모습이 내심 기특하고 대견해 보였던 모양이다. 이따금 용돈을 주시기도 했다. 하지만 무엇보다 누님께 감사했던 것은 여러 조언과 책을 아낌없이 제공해주셨다는 점이다. 학교에 제대로 다니지 못해 한글을 읽는 것도 완벽하지 않았던 나를 위해 어린 조카가 보던 세계 위인 전집을 한 권씩 가져다주셨다. 링컨이라든지 슈바이처, 루스벨트, 석가모니, 아인슈타인, 마하트마 간디, 마리 퀴리, 레오나르도 다 빈치, 윈스턴 처칠, 헬렌 켈러, 밀레, 레오나르도 다 빈치, 미켈란젤로, 빈센트 반 고흐, 피카소 등의 이야기를 읽으면서 세계는 넓고 위대한 사람은 참 많다는 것을 알게 되었다.

누님은 내게 책을 주실 때마다 책갈피로 쓸 만한 종이를 끼워두셨다. 이 종이에는 누님이 자필로 쓴 여러 명언과 조언이 담겨 있었다. 지금도 기억나는 격언으로는 '그릇이 가벼우면 소리가 난다'와 '침묵은 금이다' 등이 있다. 나는 아버지가 돌아가신 후로 비어 있던 훌륭한 어른의 자리를 채워준 누님을 점점 우러러보게 됐다. 누님의 조언 중 지금까지도 잊을 수 없는 것이 하나 더 있다. 그때 주웠던 그 돈으로 야간 영어학원에 등록했고 a, b, c 영어 철자를 배운 지 한 달쯤 지났을 때 누님에게 자랑삼아 말씀을 드렸다.

"저 요즘 저녁에 영어학원에 다니고 있어요. 누님처럼 되고 싶어요."

"학원에서 공부를 시작했다니 너무 잘 생각했어. 그런데 한국 사람이면 한국말부터 제대로 할 줄 알아야지 영어는 그다음에 해도 늦지 않아."

그제야 나는 누님이 왜 그림이 많이 들어간 위인전을 가져다주셨는지 알 수 있었다. 누님은 한글을 완벽히 떼지 못한 내 상태를 알고 있었다. 누님의 말씀을 듣고 나는 모든 일에는 순서가 있음을 깨달았다. 나부터 잘돼야 남을 더 잘 도울 수 있는 것처럼, 한국인이라면 영어보다 한국어와 한글부터 배우는 것이 먼저였다. 그래서 영어학원은 그만두고 남은 돈으로 신림동에 있는 집과 반대 방향에 있는 동봉 재건 야간 중학교에 입학하여 다니기 시작했다. 통학에 걸리는 시간만 2시간, 버스를 두 번 갈아타야 하는 거리였지만 배우는 즐거움에 비하면 거리쯤은 내게 아무런 문제가 되지 않았다.

나는 어떤 결정을 내릴 때 모든 가능성을 펼쳐놓고 하나씩 살펴본 후 무엇이 먼저인지, 어느 것이 현재와 미래에 최선일지를 따진다. 성실함 이외에 내가 남들보다 조금이라도 나은 점이 있다면 바로 이것이다. 아버지와 누님의 가르침에서 덕분에 배운 것들이다. 어리고 경험이 부족할수록 조언해줄 어른이 꼭 필요한 이유다.

참고로 앞에서 이야기한 농구 선수는 현재 가장 잘나가는 슈퍼스타가 되어 선수로서 누릴 수 있는 거의 모든 영광을 누렸고, 500억 원이 넘는 연봉을 받고 있다. 이제 겨울옷 없이 추위에 떨 일도, 차비가 없어서 수 킬로미터를 걸을 일도 없음은 물론이고, 온 가족이 대대손손 먹고살 걱정은 하지 않아도 되는 사람이 됐다. 나부터 잘되면 다른 사람에게도 더 많은 것을 해줄 수 있다는 사실을 그가 다시 증명한 셈이다.

# '당연한 것'은 없다

학생은 성실하게 학교 가서 공부해야 한다. 당연한 이야기다. 학생의 의무이자 권리이기도 하다. 그러나 내가 어렸을 때는 당연한 것조차도 당연하게 누릴 수 없을 정도로 힘든 시절이었다. 동생들을 돌보거나 부모님 일을 돕느라 초등학교도 한 달 나가고 한 달은 못 나가는 일이 반복됐다. 당연히 가난 때문이었다. 부모님께 돈 달라는 말을 하지 못해 기성회비를 못 냈더니 선생님이 친구들 앞에서 회초리로 종아리를 때렸다. 이후로는 기성회비를 내는 날이면 학교에 안 나갔다. 점점 안 나가는 날이 늘어갔고, 결국 자연스레 그만뒀다. 집안 사정이 워낙 안 좋으니 부모님도 그런 나를 말리지 않았다. 당연히 누려야 할 권리조차 누리지 못했지만, 나는 오히려 그 사실을 당연한 것으로 받아들이고 있었다. 그러나 조금 시간이 지나서야 알게 됐다. 세상에 '당연한 것'이란 없다. 누군가에게는 당연한 것도 다른 누군가에게는 특별한 것일 수도 있고, 그 반대일 수도 있다. 다만, 한 가지 분명한 것이 있다. 내가 어떤 선택을 하느냐에 따라 무언가를 더 누릴 수도, 덜 누리게 될 수도 있다는 점이다. 나는 대부분이 당연하게 누리던 학교 교육을 나도 받기로 '선택'했고, 그 선택의 대가를 치를 각오도 돼 있었다.

## 선택권은 나에게 있다

나부터 잘될 방법을 찾아보라던 누님 말씀에 그 전과는 다른 관점으로 세상을 바라보게 된 나는 야간 중학교에 다니기 시작했다. 조금 더 일찍 그런 말을 해주는 어른을 만났더라면 어땠을까 싶기도 하지만, 그제라도 내게 꼭 필요한 조언을 해주는 사람을 만났다는 것 자체가 큰 행운이었다.

학교는 통학이 2시간이나 걸렸다. 일이 끝나고 학교에 가서 수업을 받고 집에 돌아가면 새벽 1시가 넘은 적도 많았다. 당장이라도 쓰러져서 곯아떨어지고 싶었지만, 그럴 때마다 '내가 잘돼야 동생들도 잘된다'는 말을 되뇌며 공부했다. 훌륭한 사람들 자서전을 보면 나처럼 열악한 환경에서도 독하게 공부해서 좋은 대학에 들어간 이야기도 많던데, 나는 그러지 못했다. 솔직히 말하자면, 복습하겠다고 억지로 두 눈을 뜨고 버티는 것에 불과했다. 꾸벅꾸벅 졸기 일쑤였고, 결국 잠을 푹 잔 것도 그렇다고 공부를 한 것도 아닌 상태가 반복됐다. 그럼에도 조금 늦은 나이에 시작한 학교생활은 즐거웠다. 또래 아이들과 함께 당연히 누려야 할 것을 누리는 것이 이토록 행복할 줄은 몰랐다. 어쩌면 처음으로 나 자신을 위해 내린 선택이었기에 더 그랬을지도 모른다. 그럴 때일수록 초등학교 때처럼 중도에 그만두는 일은 없게 하겠다는 각오를 다졌다. 일과 학업을 병행하는 그 힘든 과정을 잘 버텨낸 이유였다.

어느 날은 미군 부대 관계자가 손목시계를 선물로 준 적이 있다. 그분에게는 별것 아닌 선물이었던 것 같지만, 나에게는 매우 요긴했다. 당시에 손목시계는 부자들이나 차는 것이었기 때문이다. 시계가 생긴 덕분에 통학 시간을 잘 맞출 수 있었다.

나는 시험 기간이면 수업이 끝나도 남아서 공부하다가 밤을 지새우거나 학교에서 잘 때도 있었다. 그날도 시험공부를 하다가 시간도 늦고 졸음이 쏟아져서 책상을 몇 개 붙여놓고 그 위에 누워서 잠을 잤다. 그러다가 깨보니 시계가 없었다. 너무 피곤해서 누가 풀어가는 것도 모르고 자버린 것이다.

시계가 아깝기도 하고 훔쳐 간 사람에게 화가 나기도 했으나, 방법이 없었다. 누가 가져갔는지 알지도 못했고 알아낼 수도 없었으니 속으로 화를 삭여야 했다. 더욱이 시계를 선물해준 분에게 죄송했다. 그분께 저간의 사정을 이야기하며 죄송하다고 사과드렸더니 감사하게도 시계를 하나 더 주셨다. 그런데 어이없게 그 시계 역시 똑같이 학교에서 자고 일어나니 없어져 있었다. 누군가 내 손목에서 풀러 훔쳐 가는 동안 깨지도 않고 잠만 자던 둔한 내가 원망스러웠다.

하나 더 달라는 것처럼 보일 수도 있으니 이번에는 선물해준 분께 말씀드리지 않았다. 대신 이번에는 그냥 넘어가지 않기로 했다. 아는 사람을 총동원해 수소문한 끝에 한 친구로부터 주간에 다니는 선배가 내 시계와 똑같은 것을 차고 다닌다는 말을 전해 들었다. 찾아가 보니 과연 친구 말대로 그 선배는 손목시계를 차고 있었다. 한눈에 봐도 내 것이 분명했다.

"선배, 그 시계 어디서 났습니까? 내 것 같은데요."

말 돌리지 않고 직접 이야기했더니 그 선배는 화를 내며 학교 뒤편으로 나오라고 했다. 그날 나는 선배와 일행들에게 마구잡이로 두들겨 맞았다. 처음에는 상대가 선배들인 데다가 여럿이니 참았지만, 이내 억울함과 분노가 치솟았다. '난 잘못한 거 없어. 내 시계를 가져간 사람이 잘못이잖아! 그런데 왜 내가 맞고 있어야 하는 거지?' 그렇게 생각한 나는 맞서기로 결심했다. 결심했으면 행동은 최대한 빠른 것이 좋다. 나는 몸을 한껏 웅크린 채 맞으면서도 기회를 엿봤다. 그리고 어느 순간, 내 시계를 가져간 그 선배의 얼굴에 박치기를 한 방 먹였다!

선배는 코를 움켜쥐며 주저앉았다. 피가 철철 흐르며 고통에 흐느끼는 선배의 모습을 본 일행들은 당황한 듯했다. 내가 휙 돌아보니 그들은 나의 눈을 피했다. 아마도 그때 내 눈빛이 꽤 매서웠던 모양이다. 나는 바닥에 나뒹구는 선배를 내려다보며 손을 내밀었다. 일으켜주려는 게 아니라 내 시계를 내놓으라는 의미였다. 선배는 울먹이며 손목에서 시계를 풀어 내게 넘겼다. 난 되찾은 시계를 손목에 찬 채, 전쟁에서 대승을 거둔 장군처럼 의기양양하게 선배의 일행들 사이를 지나서 그곳을 떠났다. 불의를 보면 숨고 피하는 게 아니라 맞서야 한다던 아버지의 가르침이 떠오르면서 만감이 교차했다. 이때 이후로 나는 불의와 타협하지 않는다는 원칙을 세웠고, 이는 내 삶은 물론 사업에서도 변하지 않았다. 내 삶과 사업이 성공적이라고 한다면, 이 원칙이 기여한 바가 상당할 것이다.

## 나도 몰랐던 내 모습

학교생활에 적응하느라 주위를 살필 겨를이 없었는데, 손목시계 사건 이후로 시야가 트인 느낌이 들었다. 야간반은 주간반에 무시당하는 일이 많았다. 주간반 아이들은 '당연'하게도 부모의 보살핌 아래 학교에 다녔다면, 야간반 학생 중에는 나처럼 일과 학업을 병행하는 친구가 많았다. 아이들이 흔히 그렇듯 가난은 놀림의 대상이 되기도 했다. 사실 나는 우리를 놀리는 주간반 학생들을 보며 화가 나기보다는 불쌍한 마음이 들었다. 어릴 적, 동네에 나타난 거지를 놀리던 내 모습이 겹쳐 보였기 때문이다. 저 아이들의 부모는 돈은 많을지 몰라도 따끔하게 혼낼 줄은 모르는 것 같다고 생각하니 진짜로 불쌍해 보이기도 했다.

학교 인근에는 많은 학생이 통학할 때 지나는 다리가 있었다. 노원교라는 이 다리 근처에는 늘 불량배 같은 사람들이 있어서 학생들이 불안에 떨었다. 가끔은 그들에게 돈을 빼앗기거나 폭행을 당한 학생이 있다는 소문도 돌았다. 나는 체구가 큰 편은 아니지만 운동을 꾸준히 했고, 어릴 때부터 일을 하다 보니 많은 사람과 부딪히면서 주먹다짐을 벌이는 일도 꽤 있었다. 자랑은 아니지만, 주먹을 쓰는 데는 자신 있었고, 소위 '깡'이 있어서 불량배들에게도 전혀 겁을 먹거나 주눅 들지 않았다. 그래서 이때부터 친구나 후배들을 모아서 안전하게 데려다주기도 했다. 특별히 정의감에 불타서 한 행동은 아니었다. 내가 나이가 많은 편이다 보니 같은 학년도 어린 친구들이 많았는데, 이들을 볼 때면 동생이 생각났다. 그리고 나처럼 어려운 여건에서 야간 학교에 다니는 친구들에게 동질감도 들었다. 무엇보다도 나에게 웃으며 고맙다고 말하는 아이들을 볼 때 행복했기 때문이다.

이렇게 친구들을 챙기다 보니 자연스레 나를 중심으로 모이는 아이들이 생기면서 전혀 예상하지 못한 경험도 하게 됐다. 뜻밖에도 학생회장이 된 것이다. 사실 잘할 자신이 없어서 고사하려 했지만, 친구들이 하나둘 나를 추천하면서 결정됐다. 나를 좋게 봐주니 고마우면서도 부담이 되긴 했지만, 일단 맡은 이상 성실하게 해보기로 했다. 기왕 맡았다면 학생회장으로서 친구들을 위해 무엇을 할 수 있을지를 생각해 보기로 했다. 학생회장이 되며 나는 학교 앞에 꽃을 심기로 했다. 미군 부대에서 반응이 좋았으며, 사람 사는 곳은 다 비슷하니 학생들도 좋아할 것 같았다. 더욱이 이미 한번 경험이 있으니 더 잘할 자신도 있었다. 급우들과 상의해가며 가꾼 화단은 한눈에 꽃이 가득 들어와 참 보기 좋았다. 학생들은 물론이고 선생님들도 화단을 보며 환한 미소를 지었다. 그 미소가 그간의 고생에 대한 보답이 되고도 남았다. 함께 고생했던 친구들도 모두 흡족해했다. 학생회장을 맡은 짧은 기간 동안, 스스로도 잘 알지 못했던 나 자신을 들여다보게 됐다. 나는 요즘 말로 '리더'가 될 사람은 아니라고 생각했지만, 의외로 학생회장 일이 잘 맞았다. 리더십에도 여러 유형이 있다는 사실을 몸소 체감하면서 알게 된 것이다. 생각해보면 사람들을 돕고 싶다는 내 꿈에는 학생회장이 딱 맞는 자리였다. 그때 다시 한번 깨달았다. 내가 잘될수록, 더 많은 돈을 벌고 권한이 큰 자리에 앉을수록 더욱 많은 사람에게 더 큰 도움을 줄 수 있다는 사실을. 딱히 사업을 하겠다고 목표를 세운 것은 아니지만, 어렴풋이 언젠가는 내 일을 하게 될지도 모른다고, 그렇게 해보고 싶다고 생각하게 됐다.

잠시 가족이 아닌 나를 먼저 생각해보기로 하고 그 결과로 학교에 들어온 한순간의 선택이 내 삶에 미친 영향은 컸다. 계속 공장과 급사 일에만 만족하고 살았더라면 나는 내게 리더십이 있다는 사실도 몰랐을 것이고, 사업을 시도해볼 생각조차 하지 않았을 가능성이 크다. 이렇듯 나를 위한 선택은 내게 또 다른 선물을 안겨주었다.

# 때때로 삶은
# 예상치 못한 길로 흘러간다

살아가다 보면 예상치 못한 일이 일어날 때가 있다. 과장해 말하면, 우리 삶의 90%는 예상과 다르게 펼쳐진다. 6·25 내전의 상처가 채 아물기도 전에 시골 한구석 작은 마을에서 가난한 집안 아들로 태어나 초등학교도 제대로 다니지 못했던 내가 외국에 나가게 될 거라고는 당연히 생각지 못했다. 더욱이 내가 20대가 됐던 1970년에는 외국을 지금처럼 자유롭게 나갈 수 있는 시대가 아니었으니 말이다. 하물며 동네 사람끼리 한 가족처럼 지내던 조그만 산골 꼬마가 글로벌 기업을 창업할 것이라고는 더더욱 상상조차 할 수 없었다. 그러나 실제로 그런 일이 일어났다. 우연히 찾아온 기회를 잡은 것이 발단이었다.

## 태양보다 뜨거운 열정의 사람들

1970~1980년대 우리나라 건설 회사들은 중동에서 많은 일을 받아왔고, 그만큼 많은 인력이 해외로 파견됐다. 건설업이라고는 공사 현장에서 시멘트 좀 날라본 게 전부였던 내가 건설업 붐을 타고 중동으로 가게 될 거라고는 꿈에도 몰랐다.

미군 부대에서 급사로 일하다가 20대가 되면서 군대에 다녀왔다. 전역 후에는 이런저런 막노동을 했는데, 벌이도 시원찮고 오래 할 수 있는 일이 아니다 보니 초조해졌다. 당시는 결혼도 일찍 하던 시대였으니 더더욱 불안했다. 안정적인 직장을 찾고 싶었다. 그러나 중졸 출신인 나를 원하는 곳은 많지 않았다. 더욱이 이제는 성인이 되었으니 아직 학교를 졸업하기 전인 동생들을 챙기는 것은 철저히 내 몫이었기에 조급할 수밖에 없었다.

이대로는 안 되겠다 싶어서 예전에 미군 부대 사무실에서 근무했던 감독관을 찾아가서 도움을 구했다. 나의 근면함을 좋게 봐주던 분이었다. 그분은 마침 본인이 중동 건설 현장에 소장으로 가게 되었다면서 나를 회사에 사무직으로 추천하고 중동까지 데려가 주셨다. 우리나라에서 일하는 것보다 급여를 훨씬 높게 쳐준다는 말에 고민할 것도 없이 가겠다고 답했다. 얼마나 가혹한 나라이고 가혹한 현장인지 모르고 새로운 나라에 대한 호기심과 돈을 많이 받는다는 기대감만 가득했다.

사우디아라비아의 더위는 차원이 달랐다. 우리나라 여름은 비할 바가 아니었다. 사막의 열기와 모래바람 때문에 숨이 턱턱 막혔다. 40도도 아닌 50도가 넘는 기온은 들어본 적도 없었다. 그야말로 혹독한 기후였다. 나는 행정 보조 업무를 맡았다. 노무팀에는 차장, 과장, 대리등 다양한 직급의 선배들이 있었는데, 휴가차 한국에 들어가면 다시는 돌아오지 않았다. 그래서 내가 노무팀 업무를 도왔는데 일하는 인원은 점점 늘어나는데 관리하는 사람은 계속 줄더니 나중에는 나 혼자 거의 일을 떠맡게 되었다. 이때 사람들과 같이 어울려 일하는 법을 많이 익혀둔 것이 내 사업을 할 때 제법 도움이 됐다. 현장 사람들의 고충을 직접 보고 듣는 기회이기도 했고, 이들과 소통하는 법을 익히게 된 시기이기도 했다. 나도 현장 일을 좀 해봤지만, 사우디아라비아 현장은 전혀 다른 곳이었다. 일단 날씨만 해도 우리나라에서 가장 더운 지역에 수십 년 만의 폭염이 찾아온 것보다도 더 뜨거웠으니 그 고됨은 말로 표현하기 힘들 지경이었다. 현장 노동자들에 대한 존경심이 절로 생겨났다.

당시 현장은 사우디 육군 사관학교 시설을 만드는 대규모 공사이다 보니 여러 분야의 기능공이 필요했다. 철근, 배관, 조적, 미장 등 국내에서 이미 오랜 세월 경력을 쌓은 전문가들이 모였다. 모두 짧고 굵게 목돈을 마련해 가족을 부양하려는 가장들이었다. 국내 현장보다 3~4배나 급여가 높다 보니 2~3년만 근무하면 한국 돌아가서 집 한 채는 마련할 수 있다는 말이 있을 정도였다. 나 역시 동생들을 부양하다시피 했지만, 이들이 감당할 책임감에는 감히 비할 바가 못 되었다. 이들이 치열하게 일하던 모습을 모두에게 보여주고 싶다. 아마 절로 경건한 마음이 들 것이다.

## 사람의 마음을 얻는 법

이곳 현장 사람들은 조금이라도 돈을 더 모으기 위해 하루 12시간 가까이 일하고도 야근과 휴일 근무도 마다하지 않았다. 한낮에는 열사병의 위험 때문에 쉬게 되어 있었으나 종종 날짜를 맞추기 위해 일을 강행하기도 했다.

아버지 같고 삼촌 같은 이들을 위해 내가 해줄 수 있는 것은 오버타임을 많이 주는 정도였다. 밤에 기능공들이 횃불 아래 모여 일하고 있으면 조금이나마 돕고 싶어 따라 나가서 일을 거들기도 했다. 다행히 업무에 어느 정도 익숙해지고 사람들과도 친해졌다. 덕분에 인원이 늘어나도 내가 하는 업무를 도와주는 사람들이 많아 큰 말썽이나 어려움은 없었다.

사무실 직원들에게는 매월 용돈이 따로 나왔다. 그 돈으로 전축이나 워크맨 같은 걸 사는 사람이 많았다. 우리나라에서는 쉽게 살 수 없거나 너무 비쌌기 때문이다. 그러나 나는 그런 것에는 관심이 없었다. 그래서 주말이면 시장 구경을 갔다가 관리자 활동비로 간식거리나 음료수를 사 와서 기능공들에게 주고는 했다. 잘 보이고 싶어서? 당연히 아니다. 굳이 따지자면 그분들이 나에게 잘 보이고 싶어 했지, 나는 그래야 할 이유가 없었다. 그저 내가 좋아서 한 행동이었다. 나는 그분들이 내가 준 간식에 마치 어린아이처럼 해맑게 웃으며 좋아하는 그 모습을 보는 게 행복했다. 나를 어린 동생이나 조카처럼 살갑게 대해줘서 고마웠고, 귀감이 될 정도로 열심히 살아가는 그분들에게 미약하게나마 힘을 보태고 싶었다. 나중에 내가 퇴사하기로 했을 때, 이 소식을 들은 몇 분이 해준 말씀이 어쩌면 나를 사업가의 길로 접어들게 했는지도 모른다.

"우리는 병구가 회사 차리면 돈 안 받고 일해 줄게! 세끼 밥만 챙겨 주면 내가 가서 일할게."

물론 농담이었고 나를 격려하려고 한 말인 것도 안다. 그러나 그만큼 평소에 신뢰하는 사이가 됐기에 나올 수 있는 농담이기도 하다. 그 정도로 우리는 끈끈한 사이가 되었다. 그 먼 사우디아라비아까지 가서 내가 얻은 것은 돈뿐만이 아니었다. 그간 받은 월급보다 훨씬 값진 것이 사람의 마음을 얻는 방법이었다. 바로 진심, 그것 하나면 충분했다.

## 사람 사는 곳은 다 똑같다

기질 탓인지 나는 안 가본 곳을 가는 걸 좋아한다. 그래서 쉬는 날에는 근교로 여행을 가기도 했다. 운전이 서툴다 보니 혼자 운전하다가 모래에 바퀴가 빠져서 지나가던 현지인이 도와준 적도 있었다. 그런 일을 여러 차례 겪고도 쉬는 날이면 어김없이 차를 몰고 나갔다. 그러다가 하루는 해가 떨어질 때까지 돌아가지 못했다. 이미 석양이 깔리고, 어차피 다음 날이 휴일이었으니 그냥 거기서 하룻밤을 보내기로 했다.

그날, 오아시스 같은 곳에서 모닥불을 피워놓고 이야기꽃을 피우는 현지인들을 보았다. 말이 통하지 않아 먼발치에서 봤지만, 그들은 참 행복해 보였다. 별이 총총 빛나는 밤하늘 아래 활짝 웃는 사람들을 보니 이보다 낭만적일 수 없었다. 사람 사는 곳은 다 똑같다는 생각이 들었다. 세상 어디나 사람 사는 곳에는 공통점이 있다. 어떤 환경이든 적응하고 개척하며, 그 안에서 행복을 찾는다. 처음 사우디아라비아에 왔을 때는 이런 황무지 같은 곳에서 사람이 어떻게 사나 싶었지만, 그들은 오히려 나보다 더 행복해 보였다.

그런 그들을 보면서 나는 기운을 얻었다. 학력도 부족하고 특별한 기술도 없어서 직장 찾는 것도 버거웠지만, 나 역시 삶을 개척해나갈 수 있다는 믿음이 생겼다. 조급함을 내려놓고 조금 더 깊은 안목으로 내 삶을 개척하기로 했다. 그리고 그 과정에서 전혀 예상치 못한 인연이 생겨나기도 했다.

# 영어 한마디 못 하던 내가
# 호주로 간 이유

"항상 똑같은 일을 반복하면서 매번 다른 결과가 나오기를 바라는
것만큼 확실한 정신병 증세는 없다."

인류 역사에서 최고의 천재로 꼽히는 아인슈타인이 했던 말이다.
그런데 신기하게도 입으로는 달라지고 싶다, 변하고 싶다고 말하면서
도 행동은 늘 똑같은 사람이 너무도 많다. 진짜 변하고 싶다면 바꿔야
한다. 마음가짐이 됐건, 생활이 됐건, 일하는 방식이 됐건 무언가 바뀌
지 않으면 변화는 일어나지 않는다.

나에게는 몇 번의 변화 포인트가 있었다. 앞서 이야기한 변화들은

그중 내 선택으로 일어난 변화들이다. 우연히 마주친 할머니의 한마디에 자신의 가능성을 믿게 된 것, 아버지의 따끔한 질책으로 오만함을 버리고 타인을 배려하게 된 것, 누님의 조언에 따라 나 자신을 돌보기 시작한 것 등이다.

이런 마음가짐과 태도의 변화도 좋지만, 환경을 바꾸는 것도 효과적이다. 사우디아라비아에 간 것도 그런 변화였다. 덕분에 시야가 넓어졌고, 어디서든 한 사람 몫을 해내며 살아갈 수 있다는 자신감도 생겼다. 무엇보다도 도전과 변화를 두려워하지 않게 됐다. 말 한마디 안 통하고 문화도 전혀 다른 이역만리 먼 땅에서도 적응하고 해냈는데 무엇이 두렵겠는가. 그런 자기 신뢰가 나의 삶을 전혀 새로운 국면으로 접어들게 했다.


## 인연은 예상치 못한 곳에서, 뜻밖의 순간에 찾아온다

길게 이야기할 필요는 없겠지만, 내게도 당연히 첫사랑이 있었다. 야간 학교에서 부학생회장을 맡았던 아이다. 우리는 몇 번 우연과 필연으로 얽힌 끝에 만나보기로 했다. 데이트라고 해봐야 교실에 남아서 같이 공부하다가 집까지 바래다주는 게 전부였다. 돌이켜보면 참으로 풋풋하고 순수했던 시절이었다. 고입 검정고시에 합격하고 대입 검정고시를 학원에서 공부하면서도 주말이면 신림동에서 도봉동까지 보고 싶은 마음에 매주 그녀를 찾아갔다. 시험이 코앞으로 다가왔던 어느 날, 그녀는 이렇게 매주 찾아오면 어떻게 공부해서 합격할 수 있느냐고 나에게 물었고 그 질문에 나는 "내가 맘먹고 공부하면 대학 별거 아냐! 두고 봐! 시험 떨어지면 너랑 안 본다는 각오로 할 거니까!"라고 대답했다. 돌이켜보면 그렇게 예민하게 반응할 필요는 없었지만, 일단 내뱉은 말을 주워 담을 수도 없었다. 애초에 대학에 관심이 없었던 나는 결국 대입에 실패했다. 그때부터 우리 사이는 조금씩 멀어져가다가 이내 연락이 끊어지고 말았다. 내 말실수 때문인 것만 같아 참 많이도 후회했다.

20대에 접어든 나는 군대를 다녀온 후 좀 더 좋은 일자리를 찾다가 사우디아라비아까지 가게 됐다. 그곳에서 근무한 지 아마도 1년 반쯤 지났을 때였던 것으로 기억한다. 모처럼 휴가가 생겨 오랜만에 귀국하게 됐다. 마침 첫사랑 친구와 연락이 닿았고, 우리는 어느 카페에서 만나기로 했다. 잘 보이고 싶어서 가장 좋은 옷을 입고 몇 번이고 거울을 봤다. 설레는 마음을 진정시키려 애쓰는 동안 시간은 무심히 흘렀다.

약속 시간이 훌쩍 지났지만, 그녀의 모습은 보이지 않았다. 지금처럼 핸드폰이 있는 시기가 아니었으니 무작정 기다릴 수밖에 없었다. 그렇게 3시간 가까이 지나서야 나는 그녀가 오지 않을 것을 알았다. '뭔가 피치 못할 사정이 있겠지.' 생각하면서도 씁쓸함을 감출 수 없었다. 그녀는 대학생이고 나는 중동에서 일하고 있으니 서로의 물리적 거리만 해도 얼마인가. 마음을 접어야 한다고 스스로를 다독였다. 7년간의 첫사랑을 그렇게 끝냈다.

본래 한국에서 긴 휴가 기간을 푹 쉬다가 돌아갈 생각이었지만, 첫사랑을 잊기에는 사우디가 더 편할 것 같아 출국 일정을 앞당겼다. 일정을 조율하느라 회사에 전화했더니 나와 통화하던 분이 넌지시 말했다.

"벌써 오려고? 모처럼 휴가 간 건데 아깝잖아. 홍콩이 요즘 관광하기에 그렇게 좋다는데 바로 오지 말고 좀 들렀다 와."

그러면서 내게 오메가 시계 두 개를 사다달라고 부탁하며 돈을 보내주셨다. 나는 홍콩에 도착해 일행과 함께 호텔로 향했고, 그곳에서 가이드에게 물어본 결과 미국 달러나 홍콩 달러, 호주 달러로만 시계를 구입할 수 있다는 사실을 알게 됐다. 그렇게 내가 한창 난감해하고 있을 때, 우리의 대화를 듣고 있던 한국 여성이 다가와 본인에게 호주 달러가 있으니 바꿔주겠다며 제안을 해줘서 그 돈으로 다행히 시계를 구입할 수 있었다. 다음 날, 호텔에서 조식을 먹는데 뒤에서 누군가 다가왔다. 그녀였다!

"안녕하세요? 또 뵙네요."
"아! 안녕하세요! 안 그래도 어제 고맙다는 인사도 제대로 못 해서 마음에 걸렸는데, 이렇게 뵙게 되네요."

우리는 자연스레 같이 아침을 먹으며 이런저런 이야기를 나누었다. 그러다가 내가 사우디아라비아에서 일하고 있다는 것을 알게 된 그녀는 눈이 동그래지더니 손뼉을 쳤다.

"진짜요? 안 그래도 제 아는 사람이 사우디에 있는데, 혹시 괜찮으시면 그분한테 편지 하나 전해주실 수 있어요?"
"물론이죠! 어제 도와주신 것도 감사한데, 그 정도 못 도와드리겠습니까?"

사우디로 돌아간 지 얼마 지나지 않아 그녀에게서 편지가 왔다. 그 중에는 나에게 쓴 것도 있었다. 정갈한 글씨로 이런저런 이야기가 편지지 한 장 가득 채워져 있었다. 나는 여전히 한글이 서툰 데다가 표현력이 있는 것도 아니어서 영 쑥스러웠지만, 그래도 답장했다. 그렇게 우리는 몇 달에 한 번씩 편지를 주고받는 사이가 되었다. 그녀는 나보다 3살이 많고, 서양 사람과 결혼한 언니를 따라 호주에서 살고 있다고 했다. 그제야 그녀가 홍콩에서도 호주 달러를 가지고 있었던 것이 이해됐다. 그녀의 편지는 군 생활의 위문편지처럼 삶의 활력소가 되었다. 두 명의 한국인이, 홍콩에서 만나, 각각 사우디아라비아와 호주에서 편지를 주고받게 되었으니 참 인연이구나 싶은 생각도 들었다. 우리 같은 사람이 또 있을까?

## 새로운 시작을 위해

편지를 주고받은 지 1년쯤 됐을 때, 나는 또다시 휴가를 받아 한국에 가게 됐다. 이 이야기를 편지에 썼더니 그녀는 자기도 그때 한국에 갈 테니 만나자고 했다. 당연히 거절할 이유가 없었다. 아니, 오히려 나도 하루빨리 그녀를 다시 만나보고 싶었다.

우리는 서울에서 만나 식사도 하고 차도 마시며 이야기를 나누었다. 나는 말이 많은 편도 아니고 말을 잘하는 편도 아니었지만, 시간 가는 줄도 모를 만큼 즐겁게 떠들었다. 그러다 보니 어느덧 해가 지기 시작해 같이 술을 한잔하게 됐는데, 분위기가 좋다 보니 그만 취해서 잠들고 말았다.

다음 날, 우리는 다시 만났다. 그런데 어째서인지 그녀가 나를 빤히 보기만 할 뿐 한동안 말이 없었다. 그 눈빛은 내게 할 말이 있는 것도 같았고, 내가 무슨 말인가를 해주길 기다리는 것도 같았다.

"혹시 어제 제가 취해서 뭐 실수한 거라도 있나요?"
"기억 안 나세요?"

정말로 내가 무슨 실수를 한 모양이구나! 등에 식은땀이 흐르는 것만 같았다. 도저히 기억나지 않아 미안하기도 하고 곤란해서 뭐라고 말해야 할지 생각나지 않았다. 내가 곤혹스러워하자 그녀가 먼저 말을 꺼냈다.

"어제 저한테 청혼하셨잖아요."

"제가요?"


너무 놀라서 나도 모르게 벌떡 일어섰다. 좋고 싫고를 떠나서 그만큼 놀란 것이다. 그동안 편지를 주고받으면서 호감이 쌓이기도 했고, 이번에 만나보니 대화도 잘 통하고 좋은 사람이라 호감이 더 커진 것도 사실이긴 했다. 그러나 나는 결혼을 깊이 생각해본 적이 없었으니 술김에라도 내가 그런 말을 했다는 사실에 놀라는 것도 당연했다. 그렇다고 그녀가 없는 말을 지어낼 사람도 아니고 나를 놀리는 것 같지도 않았다. 그렇게 나는 기억도 나지 않는 청혼을 했고, 우리는 어느새 진지하게 결혼 이야기를 나누고 있었다. 그러던 중, 그녀의 한마디가 나를 깊은 고민에 빠뜨렸다.


"병구 씨, 결혼하면 우리 호주에서 살지 않을래요?"


영어 한마디 못 하는 내가 호주에서 가정을 꾸린다니, 생각해본 적도 없었다. 그런데 또 생각해보면 못 할 것도 없겠다는 생각이 들었다. 불과 몇 년 전만 해도 나는 내가 사우디아라비아에서 일하게 될 거라고는 상상도 해본 적 없는데, 지금은 꽤 잘해 나가고 있지 않은가. 더욱이 그때는 혼자였지만, 이번에는 평생을 약속한 아내와 함께일 것이다. 못 할 이유가 없다. 다만 한 가지 마음에 걸리는 것이 있었다. 한국의 가족들이었다. 나는 이때까지도 동생들 학비를 대주었고, 집안의 대소사 모두 내가 주로 책임지고 있었다. 그런 내가 언어도 통하지 않는 호주로 떠난다면 자리를 잡기까지 얼마나 걸릴지 알 수 없고, 그때까지는 지원을 끊어야 할 터였다. 그때, 한동안 잊고 살았던 기억이 떠올랐다.

"너부터 잘돼야 가족들도 더 잘 도울 수 있는 거야."

누님이 다시 한번 내게 그렇게 말씀하시는 것 같았다. 더욱이 평생 혼자 살 생각이 아니라면, 결혼하는 순간부터 내게는 새로운 가족이 생긴다. 형제자매만 가족이 아니다. 아내도, 내 자식들도 내 가족이다. 양쪽 모두 내가 책임질 수는 없다. 생각해보면 한국의 가족들에게는 할 만큼 하지 않았나 싶기도 했다. 동생들도 곧 일할 나이가 될 테니 내가 희생하지 않아도 큰 문제는 없을 것 같았다. 무엇보다도, 내가 하루라도 빨리 자리를 잡는 편이 모든 가족을 위한 일이라는 생각도 들었다. 지금처럼 살아서는 지금보다 나은 삶을 기대하기 어렵다. 그렇다면 '판'을 바꿔보는 게 좋지 않을까? 말도 통하지 않는 곳일 테니 자칫하면 지금보다 어려워질 수도 있지만, 반대로 아내 될 사람과 힘을 합쳐 잘만 해나가면 지금보다 훨씬 나아질 수도 있다는 기대감이 생겼다.

결국 나는 그녀의 말에 따르기로 했고 한 달 후, 우리는 결혼식을 올렸다. 그리고 머나먼 호주로 떠났다. 그 옛날 산에서 만난 할머니 말씀대로 남쪽으로 가게 된 것이다.

# 2장

무엇이 사업가를 만드는가

나는 직원들과 자주 이야기를 나누려 애쓰는 편이다. 특히 아침에 많은 이야기를 나눈다. 우리 회사만의 문화가 있다. 정식 출근 시간보다 1시간가량 일찍 온 직원들은 나와 함께 아침 식사를 하는 것이다. 식사하면서 업무에 관해서든 개인적인 이야기든 자유로운 주제로 대화를 나눈다. 그때 "사업하려면 어떻게 해야 할까요?"라는 질문이 자주 나온다. 사업을 수십 년째 해오면서도 정작 이 질문을 받기 전까지는 생각해본 적 없는 주제였다. 내가 이런 대화를 좋아하는 이유다.

처음부터 사업가로 태어나는 사람은 없다. 사업가는 훈련과 경험을 통해 만들어지는 존재다. 이 부분을 간과하는 사람이 많다. 나처럼 가방끈 짧고 머리가 비상하지 않은 사람도 수십 년째 사업을 해오고 있다. 영어 한마디 못 하는 내가, 동양인이라면 중국인 아니면 일본인밖에 모르던 호주로 넘어가 적응하고, 가족을 먹여 살리기 위해 발버둥 치다 보니 지금에 이르렀다. 그저 순간순간, 무엇이 나와 우리 가족을 위해 최선인지 생각하다 보니 사업을 시작하게 됐고, 작게는 고객들을, 크게는 인류를 위해 기여할 방법을 찾다 보니 지금에 이르렀을 뿐이다. 그러니 사업을 하고 싶다면, 타고난 재능 하나 없는 평범한 청년이 글로벌 기업의 창업주이자 대표가 되기까지의 지금 이야기가 도움이 될지도 모른다.

# 포부가
# 결과는 아니다

처음 호주로 넘어갈 때는 사랑하는 사람과 새로운 삶을 꾸려보겠다는 당찬 포부가 있었다. 하지만 포부만으로 이루어지는 일은 없다. 나 역시 세상이 호락호락한 곳이라고는 여기지 않았지만, 호주로 넘어갈 때는 나름 잘해 나갈 자신이 있었다. 그러나 의지와 열정만으로 성공할 수 있다면 실패하는 사람이 더 드물 것이다.

한국에서도 성공한 삶이었다고는 할 수 없었으나, 최소한 한 사람 몫은 무리 없이 해왔다고 자부했다. 그저 성실하게, 열심히 일하는 것만으로도 그게 가능했다. 그러나 그야말로 모든 것이 다른 호주에서는 그러지 못했다. 결국 수많은 좌절과 고난을 겪고서야 세상을 나에게 맞출 수 없으니 내가 바뀌어야 한다는 사실을 알 수 있었다.


## 이러려고 여기까지 왔나


어엿한 가정을 꾸려 사랑하는 사람과 새로운 인생을 살겠다는 꿈에 부풀어 호주에 왔지만, 시작부터 녹록하지 않았다. 내가 이민 온 1982년만 해도 호주에서는 한국인을 찾아보기 힘들었다. 동양인 자체가 많지 않았는데, 그나마도 대부분 중국인 아니면 일본인이었다. 그래도 미군 부대와 사우디아라비아에서 일할 때 어차피 사람 사는 곳은 다 똑같다는 사실을 경험했기에 호주도 별반 다르지 않을 것으로 여겼다. 근성과 성실함이면 어디서든 인정받으면서 일할 수 있다고 믿었다. 말도 안 통하고 문화도 다른 곳이니 조금 더 힘들기야 하겠지만, 극복 못할 일은 아니라는 생각이었다.

호주가 어디 있는지도 몰랐던 나는 아내만 믿고 무작정 타국살이를 시작했다. 많은 것이 다른 나라였지만 한 가지만은 같았다. 딱히 내세울 것 없고 학벌도 부족한 사람은 일자리 구하기가 쉽지 않다는 점이었다. 영어가 부족하다 보니 더욱 힘들었다. 여기저기 찾아가봤지만,

의사소통도 안 되는데 면접에 통과할 리가 없었다. 그러던 중 찾은 것이 옷 재단 감을 받아와서 봉제하는 일이었다. 영어를 하지 않아도 되고 집에서도 일할 수 있었다. 어릴 때 모자 공장에서 일하는 동안 미싱을 해본 경험이 있었기 때문에 자신이 있었다. 문제는 돈이었다. 그 일을 하려면 우선 미싱기를 사야 했다. 수중에 단돈 600달러가 전부였으니 500달러를 주고 미싱기를 사고 나면 월세방 하나 구할 수 없었다. 아내는 당분간 처가에 신세를 지자고 했다. 장인어른은 우리 부부보다 1년 먼저 정착한 상태였다. 이 일마저 놓치면 언제까지 손가락을 빨고 살아야 할지 알 수 없는 노릇이었으니 달리 방법이 없었다. 바로 미싱기를 사서 일감을 받아와 만들기 시작했다.

첫 한 주일간 일한 대가로 받은 돈이 25달러였다. 다시 일감을 받아 다음 주에 옷을 만들어 갔는데 사장이 지난번 만들었던 옷이 잘못되었다며 수정을 요구했다. 다시 일주일 수정해서 가져다주고, 반복해서 일하다 보니 점점 능률이 올랐다. 다행히 일을 주는 회사도 늘어나 수입도 점점 좋아졌다. 덕분에 그동안 신세를 지고 있던 처가에서 분가해 주당 45달러를 내는 방 두 개짜리 연립주택으로 이사할 수 있었다. 때때로 우리는 한 주에 300달러까지 벌 때도 있었다.

사치를 몰랐던 우리 부부는 그 와중에도 돈 모으는 재미에 빠졌다.

그러나 이 정도 돈을 벌려면 일감을 어마어마하게 많이 받아와야 했다. 부부가 함께 아침 7시부터 밤 10시까지 꼬박 일하는 것도 모자라 주말에도 쉴 수 없었다. 게다가 일거리가 항상 있는 것은 아니었으니 수입이 불안정해 늘 불안감을 안고 살아야 했다. 이게 사람 사는 게 맞는 건가 싶은 생각이 하루에도 수십 번씩 들었다. 예전에 공장 다닐 때 일하던 것과 전혀 다를 바가 없었다. 온종일 집에 틀어박혀 드르륵 미싱만 하다 보면 내가 한국에 있는 건지 호주에 있는 건지 알 수가 없었다. 이러려고 이 먼 타국까지 왔나 싶은 회의감까지 들었다.

그러다가 아내가 첫째 아이를 갖게 됐다. 아이가 생긴 것은 축복이었고 내 삶에서 가장 기쁜 순간이었지만, 한편으로는 걱정도 들었다. 아이가 생긴 만큼 더 많은 돈이 필요해질 텐데, 아내는 이제 곧 일을 할 수 없게 되니 수입은 줄어들 터였다. 무엇이 나와 아내와 곧 태어날 아이를 위한 최선의 선택일까? 나는 깊은 고민에 빠졌다.

## 성실함만으로는 이룰 수 없는 것

봉제 일만으로는 힘들다고 판단한 나는 새로운 일을 찾아보기로 했다. 아내는 나를 데리고 시내에 있는 직업 센터로 갔다. 직업을 소개해주는 곳이었는데, 학력도 짧고 기술도 딱히 없었던 나에게 맞는 직업을 찾기란 하늘의 별 따기였다. 그러다 처음 간 곳이 건설 현장이었다. 미장일을 할 수 있는 사람을 찾는다는 공고를 보고 무작정 찾아간 것이다. 현장감독이 나에게 미장일을 해본 경험이 있냐고 물었고, 나는 경험은 없지만 무조건 할 수 있다고 자신감 있게 대답했다. 그 대답 덕분이었는지, 경험이 없음에도 나는 당장 다음날부터 현장으로 출근하게 됐다. 현장에 갔더니 장비를 나눠주면서 내가 작업할 구역을 정해줬다. 일을 시작하자마자 문제가 생겼다. 시멘트와 모래를 섞은 반죽을 콘크리트 벽에 아무리 여러 번 발라도 벽에 착 붙지 않고 그대로 주르륵 흘러내렸다. 하루 종일 노력했지만 허사였다. 각오나 노력만으로 되는 게 아니었다. 경험과 기술이 필요했다. 눈에 그저 쉽게 보이는 일들도 제대로 배워서 해야 한다는 것을 몸으로 깨달은 날이었다. 현장 일을 그만두고 다시 새로운 직업 찾기에 나섰다. 구인 공고는 대부분 숙련공이나 용접, 배관, 전기, 토목, 건설 등 전문적인 기술이 필요한 것뿐이었다. 그렇게 좀체 일자리를 구하지 못하다가, 건설 현장에서 자재나 물건을 나르는 일명 '잡부' 자리가 나서 다시 현장에서 일을 하게 되었다. 특별한 기술이 필요 없는 막노동이니 문제없을 것 같앉지만, 이것조차 쉽지 않았다. 나보다 체격도 월등하고 힘이 좋은 서양인들이 한 번에 번쩍 들어 옮기는 것도 나는 두세 번을 오가야 했다. 그래도 힘들게 얻은 일자리를 어떻게든 지키고 싶어서 근육통에 시달리면서도 매일 출근했다.

그렇게 2~3주를 정말 죽을 고생을 하며 일한 끝에 드디어 급여를 받았다. 그러나 이번에도 다른 사람들은 430달러를 받았지만 나는 150달러밖에 받지 못했다. 나도 모르게 고개를 떨궜다. 눈물이 날 것만 같았다. 동양인을 차별한다고 그들을 탓할 수도 없었다. 그들만큼 능숙하게 일을 해내지 못했으니까. 그때 나는 처음으로 열정이나 의지, 성실함만으로는 안 되는 일이 있음을 뼈저리게 깨달았다. 물론 그 정도도 모를 만큼 순진하지는 않았다. 다만 내가 직접 그런 벽을 느낀 것은 처음이었다. 그전까지는 어디서 무슨 일을 해도 제법 잘 해냈다. 성실함 하나만으로도 가능했다. 그러나 이 일은 10년이 지나도 저들보다 잘할 수 없을 것이 명백했다. 한국에서도 체구가 작은 편인 내가 저 거구들만큼 힘쓰는 일을 잘하기란 애초에 불가능했으니까.

처음 이민 생활을 시작할 때 각오를 다졌다. 우리나라에서도 먹고 살기 힘든데 타국에서는 더 만만치 않을 테니까. 그러나 막상 부딪혀 보니 타국살이는 예상보다 더 거대한 벽이었다. 안 그래도 특별한 지식이나 기술이 없어서 한국에서도 좋은 일자리 찾기가 쉽지 않았는데 가뜩이나 동양인 차별이 심했던 시대에 언어조차 통하지 않았으니, 하루하루 살아가기도 벅찼다. 입에 풀칠하기도 힘들어 형제가 뿔뿔이 흩어져 살아야 했던 어린 시절이 떠올랐다. 시대가 바뀌었고 당시와는 비교하기도 힘들 정도로 우리나라는 발전하고 있었으나, 내 사정은 나아진 게 없는 것 같아 자신에게 화가 나기도 했다. 무엇보다도 나 하나만 보고 결혼을 결심한 아내와 갓 태어난 아이에게 미안했다. 어떻게 해야 한단 말인가! 정말 이 나라에서는 내가 할 수 있는 일이 아무것도 없는 걸까? 이대로 아내와 아이들을 나처럼 가난의 굴레에서 허덕이며 살아가게 만들어야 하는가! 그때부터 나의 고민이 시작됐다.

# 누구나
# 무기는 있다

누구든 새로운 환경에서 살아가야 할 때가 온다. 환경을 자신에게 맞도록 바꾸는 사람도 있지만, 그런 경우는 극히 드물다. 우리 같은 평범한 사람은 환경에 적응해야 한다. 여기에는 몇 가지 방법이 있는데, 보통은 바뀐 환경에 자신을 맞춘다. 그러나 이조차도 여의치 않거나 적응을 마칠 때까지 버티기 힘들 때도 있다. 처음 호주로 건너간 내가 딱 그랬다. 제대로 적응하려면 영어도 배우고 그 나라 사회 시스템과 문화에 익숙해져야 하고, 사람들과도 가까워져야 했다. 하루이틀 만에 될 일이 아니었다. 그런 상황에서 돈까지 벌어야 했다. 절망적인 상황이었다. 그러나 나는 판을 바꾸기로 했다. 적응부터 하고 일을 찾는 게 아니라, 나에게 맞는 일을 찾아서 하루하루를 살아가며 적응하기로 한 것이다. 내가 할 수 없는 분야에서 이기지 못할 상대와 싸울 게 아니라 나의 무기인 성실함이 빛을 발할 수 있는 일을 찾아야 했다. 그게 당시 내가 내린 최선의 선택이었다.

## 쓰러질 것처럼 힘들어도 하루하루 행복했다

닥치는 대로 일하는 것도 좋지만, 좀 더 장기적이고 안정적으로 돈을 벌 수 있는 일, 내가 할 수 있는 일을 찾아야겠다는 생각에 다시 직업 센터를 찾아갔다. 건물은 일자리를 구하러 온 사람으로 가득했다. 이들도 나처럼 힘든 신세일까?

동양인은 나를 포함해 서너 명에 불과했고, 나머지는 서양 사람들이었다. 따지고 보면 모두 잠재적인 경쟁자였으나, 나는 그들이 같은 처지에 놓인 동지 같아서 왠지 정이 갔다. 한편으로는 사람이 이렇게 많은데 나에게 맞는 일자리를 찾을 수 있을지 걱정도 들었다. 건물 벽 게시판에 붙은 구인 광고를 하릴없이 보던 중, 나의 짧은 영어 실력으로도 아는 단어가 눈에 띄었다. Cleaner, 즉 청소부였다. '청소는 영어

못해도 할 수 있잖아! 특별한 기술이 필요한 것도 아니고, 건설 현장처럼 힘이 세야 할 수 있는 일도 아니고 말이야. 성실하고 꼼꼼하게만 하면 잘할 수 있을 거야!' 그런 생각에 혹여나 다른 사람이 채가기 전에 공고를 낸 제약 회사로 즉시 찾아갔다. 여전히 영어는 부족했지만, 다행히도 별다른 문제 없이 면접을 통과하고 채용됐다. 왜 영어도 짧은 나를 뽑았는지 물어본 적은 없지만, 이제 알 것도 같다. 아마도 내 표정과 눈빛에서 간절함과 열의를 읽었을 것이다. 회사를 운영하면서 알게 됐는데, 절박한 사람은 눈빛부터 다르다.

예상대로 청소 일은 내게 잘 맞았다. 각자 맡은 구역이 있으니 다른 사람과 대화할 일이 없어서, 영어를 잘할 필요도 없었다. 그저 제시간에 맡은 구역만 해내면 됐다. 몸이 힘들긴 해도 건설 현장처럼 고되지는 않았고, 주말에는 쉴 수 있었다. 급여에도 차별이 없었다. 무엇보다도 말 그대로 성실하게 하면 되는 일이었다. 물론 장점만 있지는 않았다. 급여에 차별은 없었지만, 액수 자체가 적었다. 20년 후를 그려보니 아이들 미래를 생각해서라도 돈을 더 벌어야 했다. 다행인 것은 제약 회사의 청소 일은 오후 4시면 끝났기 때문에 남는 시간이 많았다. 그렇다고 예전처럼 아무 일이나 닥치는 대로 할 수는 없었다. 길게 고민할 것 없이 청소 일을 더 늘려보기로 했다.

다행히 경력이 있다 보니 일거리를 찾기는 어렵지 않았다. 쇼핑센터와 일본인 학교에서 일감이 들어왔다. 청소만 세 군데를 하게 된 것이다. 아침 7시에 출근해서 제약 회사에서 일을 마치면 집으로 돌아와 1시간 정도 쉰 후, 저녁 6시부터 9시까지 쇼핑센터 청소 일을 했다. 그리고 곧바로 일본인 학교로 가서 1시간 정도 일하고 나면 하루가 끝났다. 밥 먹고 잠자는 시간 빼면 일만 하는 하루하루였지만, 수입이 늘어나면서 통장에도 돈이 조금씩 쌓이니 힘든 줄을 몰랐다. 온종일 일하느라 아이 얼굴 볼 시간도 많지 않았지만, 그것도 다 아이와 우리 가족을 위한 희생이라 여겼다. 태어나서 처음으로 희망이 보였고, 안정감을 느꼈으며 삶이 제대로 흘러가기 시작한다고 생각했다.

## 쉽게 얻은 것은 기쁨을 주지 못한다

더 열심히 일하기 위해서라도 주말에는 몸과 마음의 피로를 풀어줄 시간이 필요하다. 내게도 주말이 그런 시간이었다. 이 무렵이 되어서야 나는 호주에 온 후 처음으로, 아니, 어쩌면 태어나서 처음으로 여가 시간을 가지게 됐다. 주말이면 다른 동료들은 영화를 보러 가기도 하고, 집에 친구들을 불러 모아 술을 즐기기도 했다. 나에게는 낚시와 로또 구입이 낙이었다. 토요일 오전, 근교 낚시터 가는 길에 복권 판매점에 들러 로또를 샀다. 어떤 번호를 할지 고민하는 것도 쏠쏠한 즐거움이었고, 당첨되면 뭘 할지 상상하는 것도 즐거웠다. 그러고 나서 강가에 도착하면 전망 좋은 곳에 자리 잡아 망중한을 즐겼다.

낚싯줄을 늘어뜨려놓고 앉아 머리를 비우고는 멍하니, 흘러가는 대로 이런저런 생각을 하곤 했다. 이번 주도 열심히 잘 살아냈구나 싶어 스스로를 칭찬하기도 했다. 그러다가 주머니에서 로또를 꺼내어 보며 또다시 '한 방'에 인생 역전이 되는 꿈을 꿨다. 한국에 있을 때는 복권이라는 게 있는 줄도 몰랐다. 운이 좋으면 일하지 않고도 돈을 받을 수 있다니, 이 얼마나 꿈같은 일인가. '당첨만 되면 더는 힘들게 일하지 않아도 되겠지. 멋진 집을 사서 월세 걱정도 없이 살 수 있을 거고. 집사람이랑 아이들이 원하는 건 뭐든지 사줄 거야!' 이런 상상만으로도 삶에 작은 활력소가 되어주는 듯했다.

또다시 어김없이 주말이 찾아왔다. 나는 늘 그랬듯 낚시 장비를 챙겨 늘 다니던 길을 따라서 걸었고, 늘 들르던 복권 판매점에서 늘 하던 대로 로또를 샀다. 어째서인지 그날따라 원래 생각했던 것과는 다른 숫자를 썼다. 그때까지는 없던 일이었다. 그런데 놀랍게도 그 로또가 2등에 당첨됐다! '내 생에 이런 일도 생기는구나!' 기쁨도 잠시 2등 당첨금은 예상과 달리 너무 적었다. 당첨자들이 너무 많아 350달러 즉 2주 치 주급밖에 되지 않았다. 그리고 후회했다. 처음 마음먹은 번호대로 했다면 인생이 바뀌었을 텐데 마지막 마음을 바꾸어 적은 번호가 틀린 것 같았다. '처음 마음먹은 대로 적었더라면 1등이 됐을 텐데……. 그럼 진짜로 인생 역전인데…….' 당첨의 기쁨은 온데간데없이 사라지고, 1등이 아니라는 아쉬움이 쓰게 남았다. 누군가는 이 이야기를 듣고 욕심도 많다고 했다. 그러나 내가 특별히 탐욕스러운 사람이라서 이런 마음이 든 것은 아니다. 실제로 복권 2등 당첨자는 시간이 좀 지나면 당첨 전보다 상황이 더 안 좋아진 경우가 많았다고 한다. 또한, 올림픽에서 은메달을 딴 사람이 동메달을 딴 사람보다 오히려 삶에 불만족하고 불행하다고 답한 비율이 높고, 우울증에 빠진 사람도 더 많았다는 조사 결과도 있다. 동메달리스트는 어차피 금메달과 거리가 멀었으니 메달을 땄다는 사실 자체에 만족했지만, 은메달리스트는 금메달을 코앞에서 놓쳤다는 아쉬움이 컸던 것이다. 물론 로또를 올림픽 메달과 비교할 수는 없지만, 아쉽게 1등을 놓쳤다는 점에서는 마찬가지였다. 그 사실이 나를 괴롭게 했다.

로또에 당첨된 후로는 내 삶의 낙이었던 낚시마저 시들시들해졌다.

그전에는 낚싯대를 드리우고 앉아 있는 그 시간이 평온하고 좋았는데, 이제 심란하기 그지없었다. 눈앞에서는 자꾸만 숫자 하나가 아른거렸다. 그 숫자 하나만 맞혔어도 나는 평생 낚시만 즐기며 살 수도 있었을 텐데, 하는 생각에 나도 모르게 한숨이 새어 나왔다. 그런데 그때, 물고기가 미끼를 물었다. 잡생각을 떨치고 얼른 낚싯대를 잡았다. 힘차게 들어 올리자 낚싯줄 끝에 커다란 도미가 딸려 나왔다. 언제 한숨을 쉬고 있었냐는 듯 나는 껄껄 웃으며 도미를 건져 올렸다. 바닥에서 펄떡이는 도미를 보자 기분이 좀 풀렸다.

"월척이구나! 오늘 일진이 괜찮은데? 하하하! 이놈아, 그렇게 쉽게 먹이를 먹으려 드니까 이런 일이 생기는 것 아니냐."

나는 도미에게 말했다. 그리고 그 말이 채 끝나기도 전에 뒤통수를 맞은 듯한 느낌에 잠시 멍해졌다. 무심코 던진 그 말이 사실은 도미보다 내게 더 어울리는 말이라는 생각이 든 것이다. '쉽게 일확천금을 얻겠다고 주마다 로또를 사놓고, 운 좋게 2등이나 됐으면서도 1등이 아니라고 푸념이나 하다니, 나도 너와 다를 게 없구나.' 더욱이 2등이라고는 해도 어쨌든 제법 목돈이 공으로 생기니까 일하기 싫은 마음이

들기도 했다. 불과 몇 년 전만 해도 어떤 일이든 시켜만 주면 좋겠다던 내가 지금의 일에 감사한 마음을 잊었다는 사실이 부끄러웠다. 사람이란 얼마나 간사한가!

　돈은 낚싯줄에 달린 미끼처럼 사람을 유혹하고 눈길을 사로잡아 마음을 휘저어놓는다. 쉽게 번 돈은 눈 녹듯 쉽게 사라진다는 사실을 잊은 채 말이다. 행운을 가져다줄 거라 믿었던 로또가 오히려 내 마음마저 헤집어놓고 있음을 그제야 깨달았다. 세상에 공짜는 없는 법이다. 쉽게 얻은 것에는 그만큼의 위험이 따른다. 이 당연한 진리를 나는 도미에게서 배웠다. 조금 전보다 몸부림이 덜해진 도미를 다시 물속에 풀어주었다. 그리고 그날 이후, 다시는 로또를 사지 않았다. 이 한 몸이 멀쩡한 이상, 성실하게 일하고 일한 만큼 벌어서 살아가기로 했다. 내 능력과 무관하게 번 돈은 행운이 아니라 내 삶을 좀먹는 독이 될 테니 말이다.

# 베스트
# 옵션

살다 보면 정석에서 벗어난 길을 가야 할 때도 있다. 불법을 저지르라는 말은 아니니 오해하지 않길 바란다. 안전하고 좀 더 확실한 길이 아니더라도 걸어야 할 때도 있다는 법이다. 그게 정석이 아님을 알고 한다면 좋겠지만, 그러지 못할 때도 있다. 하지만 괜찮다. 만약 그게 자신이 생각한 최고 또는 최선의 판단이라면 밀고 나가야 한다. 실패할 수도 있다. 미래는 누구도 예측할 수 없다. 어떤 길이든 실패의 위험은 항상 있다. 그러니 순간순간 자신의 판단을 믿는 것이 중요하다.

내게는 사업을, 좀 더 쉽게 말하자면 장사를 시작한 과정이 정석에서 벗어난 길이었다. 해본 사람은 안다. 장사는, 나아가 사업은 그 어떤 영역 못지않은 준비와 경험이 필요하다. 이런 사실을 나는 직접 겪어본 후에야 알았다. 그래서 더 많은 위험과 좌절이 있었다. 조언해줄 사람조차 없었기 때문이다. 돌이켜보면 그럼에도 장사를 시작한 것은 당시의 내게는 최선의 선택이었다.


## 때로는 '판'을 바꿔야 한다

로또와 도미는 내게 과거를 돌아보고 현재를 직시하도록, 나아가 미래를 고민하도록 만들었다. 나는 항상 '성실함'을 믿고 살아왔다. 덕분에 그때까지 가족이 먹고살 수는 있었다. 그러나 언제까지 지금처럼 하루에 15~16시간을 일할 수 있을지 알 수 없었다. 미래는 원래 보이지 않는 길이지만, 막다른 길이 뻔히 보인다면 당연히 핸들을 돌려야한다. 조금이라도 수입을 늘릴 수 있는 다른 일을 알아봐야 할 때였다. 무턱대고 새로운 일을 시작할 게 아니라 청소 일과 병행할 수 있는 일을 찾아보기로 했다. 사실 선택지는 많지 않았다. 특별한 지식이나 기술이 없어도 성실함이 빛을 발할 수 있는 일, 주말을 이용해서 할 수 있는 일이어야 했다. 우선은 주말에도 청소 일을 할 만한 곳을 찾아서 좀 더 수입이 좋다는 가정집 청소도 해봤다. 주말이면 이런저런 잡동사니를 모아서 시장에 나가 팔아보기도 했다. 가정집 청소는 제법 마음에 들었지만, 때마침 둘째가 태어나면서 아내가 일을 도와주기 어려워져 혼자서 하기는 무리가 있었다.

"이대로는 안 돼. 내 아이들도 나처럼 가난 때문에 꿈이고 뭐고 없이 되는 대로 살아가게 할 수는 없어!"

결혼하고 아이가 생기면서 이런 게 행복이구나 싶었지만, 이런 행복을 더 크게, 더 오래 이어가려면 더 많은 돈이 필요하다고 느꼈다. 다시금 부자가 되고 싶다는 생각이 들었다. 그러려면 보다 적극적인 변화가 필요했다. 하던 일을 늘리거나, 자투리 시간에 용돈벌이나 하는 정도로는 만족할 수 없었다. 정해진 시간에 정해진 급여를 받고도 부자가 되는 것은 몸값이 높은 전문직 종사자 아니면 전문적인 기술이 있는 사람만 가능한 일이다. 나에게는 그 무엇도 없었다. 그렇다고 내가 그 나이에 변호사나 의사가 될 수 있겠는가.

고민 끝에 내린 결론은 장사였다. 장사는 육체노동이 아니니 나이가 더 들어서도 할 수 있고, 잘만 풀리면 수입도 지금과는 비교가 안 될 만큼 높을 것이다. 더욱이 이 무렵, 나는 주말이면 인근 시장에 나가서 흔히 '브라스'라고 부르는, 테이블이나 진열대에 올려두는 장식품을 주로 팔았는데, 그때 장사의 지혜를 얻은 것이 있었다. 손님의 신뢰를 얻는 것이 무엇보다도 중요하고, 그러려면 나 자신이 신뢰할 수 있어야 한다는 사실을 깨달았다. 브라스는 흔히 황동으로 만든 장식품인데, 나는 주로 동물 모양 브라스를 팔았다. 동물 브라스는 어디에 두어도 그런대로 무난하기 때문이다. 그러니 시장이 꽤 넓은 편일 텐데, 장사는 기대만큼 되지 않았다. 온종일 하나도 팔지 못하고 공치는 날이 허다했다. 어쩌다 하나 팔게 되어도 자릿세 내고 나면 남는 게 없었다.

처음에는 그렇게 손님이 없다는 사실에 한탄하면서 시간을 보내기 일쑤였다. 그러다가 어느 날부터인가, 손님이 없을 때면 쪼그려 앉아서 브라스를 하나하나 꼼꼼히 닦기 시작했다. 딱히 더러워져서가 아니라 할 일이 없어서 시작한 일이었다. 그런데 한참을 닦다 보면 그전까지는 평범해 보였던 브라스가 어째서인지 조금은 특별해 보이는 순간이 왔다. 꼼꼼하게 살펴보면 꽤 정교한 장식품이기도 했다. 그런 순간이 오면 브라스를 다루는 손길도 조심스러워진다. 값비싼 예술 작품 다루듯, 닦을 때도 한결 조심하게 된다. 그렇게 이 브라스는 나에게 특별한 의미가 되고, 그럴 때면 손님이 돈을 준다고 해도 팔기 싫다는

생각까지 든다. 바로 이런 마음이 들 때면 그 브라스가 금세 팔려나갔
다. 심지어 가격을 평소보다 더 올려 얘기를 했는데도 흔쾌히 구매하
겠다는 거다. 그때 나는 평생 사업을 하면서 도움이 되는 큰 지혜를 얻
었다. 장사는 내가 그 제품을 좋아하는 정도가 아니라, 파는 게 아까울
정도로 사랑하게 됐을 때 비로소 소비자에게 선택을 받을 수 있다는
어찌 보면 단순하지만 정말 소중한 가르침이었다.

　주말 장사를 하며 성과도 조금씩 거두고 있었던 터라 본격적으로
시작해도 잘할 수 있다는 자신감이 생겼다. 아내도 내 생각에 동의했
다. 장사라면 아이들을 키우면서도 도울 수 있을 거라는 말도 덧붙였
다. 그렇다면 무슨 장사를 할 것인가? 아내는 결혼 전에 영양사로 일
했는데, 그 지식을 살려보자고 했다. 우리가 생각할 수 있는 것은 건강
기능식품 판매점이었다. 한국에 살 때는 영양제라는 게 있는 줄도 몰
랐는데, 호주에서는 사람들이 비타민 같은 건강기능식품을 많이 먹었
다. 게다가 한국에서는 건강기능식품점을 하려면 자격증이 있어야 하
는데 호주에서는 자격증이 필요하지 않았다. 즉, 규제가 없었다.

　새로 매장을 열 정도의 여유는 없었기에 기존에 있던 곳을 인수
하기로 하고 그때부터 본격적으로 적절한 곳을 찾아다녔다. 그 과정
은 쉽지 않았다. 돈이 문제였다. 수익이 좋은 매장은 비쌌다. 권리금

이 20만 달러나 되는 곳도 있었다. 지금 기준으로도 낮은 금액이 아니니 당시에는 어마어마한 돈이었다. 우리가 인수할 수 있을 만큼 싼 곳은 찾기도 힘들었고, 겨우 찾아냈다 해도 수익성이 너무 떨어졌다. 그러나 지성이면 감천이라고. 열심히 노력한 끝에 고든역 앞에 그럭저럭 가게 규모도 크고 매출과 수익이 괜찮은 매장을 찾아냈다. 권리금 2만 달러에 재고 2만 달러, 총 4만 달러만 있으면 되었다. 그동안 모은 돈과 은행 대출을 합치면 아슬아슬하게 부담할 수 있는 금액이었다. 마치 우리를 위해 신이 마련해둔 것만 같아 뛸 듯이 기뻤다. 그렇게 우리 부부는 그 매장을 인수했다.

## 잘못된 판단을 최선의 결과로

어엿한 사장님이 되었다는 뿌듯함은 얼마 가지 못했다. 좋은 곳을 싸게 샀다고 생각했는데. 오산이었다. 모두 내 미숙함 때문이었다. 장사하는 사람들 사이에서는 '마크업markup'이라는 개념을 중요하게 본다. 마크업은 쉽게 말해 제품 구매 가격에다 몇 %를 더하여 소비자 가격을 책정하는 것이고. 마진margin과는 다른 개념이다. 자세히 설명하자면 복잡해지니 이해를 돕기 위해 단순하게 설명해보겠다. 100원짜리 물건을 구매하여 60%를 마크업하여 고객에게 팔았다면 매출은 160원이고, 물건 원가를 뺀 60원이 마진이 된다. 이를 계산해보니 매출 160원에서 마진 60원은 37.5%가 된다. 전 가게 주인이 구매 가격에서 60%를 마크업한다고 하여 나는 60%가 모두 마진이 되는 줄 알았고, 마진을 60%라고 잘못 계산하고 가게를 인수한 것이다. 하지만 다시 계산해보니 실제로는 적자 나는 가게를 인수한 것이 아닌가! 제대로 시작해보기도 전에 손해를 본 셈이었다. 당황했고 속상했지만, 돌이킬 수 없는 일이었다. 매장을 다시 내놓을까도 생각해봤지만, 나처럼 어수룩한 사람이 나타나지 않는 이상 손해를 보고 팔 수밖에 없었다.

처음에는 이런 상황을 제대로 알려주지 않은 전 주인을 탓하기도 했다. 장사에 대해 무지한 상황에서 섣불리 덤벼든 나 자신을 원망하기도 했다. 괜히 장사를 시작했나 싶은 후회도 들었다. 그러나 다시 그때로 돌아간다 해도 나는 장사를 했을 것이다. 그게 당시에 생각할 수 있는 최선의 선택이었기 때문이다.

후회는 누구나 할 수 있다. 하지만 언제나 그렇듯 후회는 답이 아니다. 같은 실수를 반복하지 않게 해주는 약이 될 수도 있지만, 과하면 앞으로 나아가지 못하게 막는 걸림돌이 되기도 한다. 그때의 나는 후

회할 시간도 없었다는 게 돌이켜보면 불행이면서도 다행이었다. 다른 길을 찾기에는 시간도, 돈도, 경험도, 지식도 부족했으니 어떻게든 매장을 잘 운영해야 했다. 그런 면에서 보면 선택지가 없었으니 불행이었다. 그러나 한 길만을 밀고 나가야 하는 상황은 집중력과 의지를 불태우게 만든다는 점에서 다행이었다. 이제 다른 고민은 할 것 없이 이 매장을 성공시키는 데 모든 것을 걸어야 할 시점이었다.

누구나 실패도 하고 실수도 한다. 장고 끝에 악수를 둔다고, 길고 깊은 고민 끝에 내린 결정이 최악의 선택이 될 수도 있다. 그러나 한 가지 명심해야 한다. 어떤 결정이든 자신이 최선이라고 믿기 때문에 내린 선택이다. 그러니 그 순간만큼은 그 선택이 '최선의 선택'인 셈이다. 선택을 앞두고 우리가 명심해야 할 것은 두 가지다.

첫째, 최선을 택하기 위해 노력한다.

둘째, 최선이 아닌 것으로 밝혀졌다면, 바로 포기할 게 아니라 그 선택을 '최선'으로 바꾸기 위해 다시 매 순간 최선을 택하려 노력한다. 이런 과정을 거치면 최선을 택하게 되거나, 최선이 아니었던 선택도 결국은 최선의 선택으로 바뀌게 된다. 과정은 차차 설명하기로 하고, 결과부터 말하자면 나는 이런 마음가짐으로 매장을 성공시켰다. 이때부터 항상 최선을 택하기 위해 노력하고, 실수를 저질렀다 해도 이를 다시 최선의 결과로 바꾸는 '베스트 옵션<sup>Best Option</sup>'이라는 개념이 어렴풋이나마 생겨났다.

# 길이 막혔다면
# 초심으로 돌아가야 한다

일을 하다 보면 실수하기도 하고 난관에 부딪히기도 한다. 그럴 때 어떤 사람은 안 되는 이유에 집착하고, 어떤 사람은 어떻게 하면 다른 방법을 찾아낼 수 있을지 궁리한다. 같은 이유로 안 됐더라도 전자는 점점 안 되는 길로 가게 되고, 후자는 점점 되는 길로 나아간다. 집중하는 바가 다르고 사고방식이 다르기 때문이다. 이민 4년 만에 내 가게를 가지게 됐지만, 이는 끝이 아니라 새로운 시작이요 도전이었다. 되돌릴 수 없는 길이었으니 어떻게든 끝까지 가봐야 하는 상황기도 했다. 그 과정은 쉽지 않았지만, 매우 값졌다. 그때의 과정이 있었기에 지금의 회사 '레이델'이 있는 것이다.

## '실패'에 답이 있다

악착같이 모은 돈에 은행 대출까지 받아서 인수한 매장이 적자였으니 하루하루가 지옥 같았다. 밤잠을 설쳤고, 뭘 먹어도 소화가 안 됐다. 나와 아내 모두 그늘진 얼굴로 한숨을 내쉬기 일쑤였다. 무턱대고 장사를 하자고 해서 이런 상황을 만든 내 탓이라 생각하니 아내에게 너무도 미안했다. 더욱이 마크업을 마진으로 착각해 이런 사달이 났으니 얼굴을 똑바로 보기도 힘들었다. 하지만 아내는 나보다 강했고, 용감했으며, 현명하기까지 했다.

"후회해서 뭐 하겠어요? 기왕 이렇게 된 거, 우리 어떻게든 성공해요. 다 길이 있을 거예요."

아내의 말에 용기를 얻은 나는 그 '길'을 찾아보기로 했다. 당시에는 인지하지 못했지만, 돌이켜보면 '베스트 옵션'의 두 번째 단계, 즉 '잘못된 선택을 최선의 선택으로 만들 방법'을 찾기 시작한 것이다. 문제를 해결하려면 문제가 무엇인지부터 파악해야 했다. 그래야 무엇부터 해결해야 할지 우선순위를 파악할 수 있고, 어떻게 해결해야 할지도 알 수 있다. 큰 문제는 두 가지였다. 애초에 적자 매장을 인수했다는 것. 다음으로는 '장사가 안 된다'는 것이었다. 첫 번째 문제는 돌이킬 수 없으니 해결할 수도 없었다. 남은 것은 장사가 잘되게 하는 길뿐이었다. 그렇다면 구체적으로 왜 장사가 안 되는지를 파악하면 장사가 잘되게 할 방법도 찾을 수 있을 터였다. 다행히 문제를 찾는 과정은 그리 어렵지 않았다. 인수하기 전이나 내가 인수한 후나 손님 수는 비슷했다. 그러니 전 주인 때부터 장사가 안됐다는 이야기인데, 여기에 답이 있다고 생각했다. 나와 아내가 순진했다고는 해도 매장을 인수하기 전에 장사가 얼마나 되는지 파악하기 위해 며칠 동안 지켜봤는데, 그게 큰 도움이 됐다. 전 주인이 어떻게 장사했는지를 떠올려보면 개선점이 나올 것 같았다. 고민 끝에 우선 해결할 수 있는 세 가지 문제점을 찾아냈다.

첫째, 전 주인은 청소를 제대로 하지 않았다. 매장 안의 가장 눈에 띄는 매대에 진열된 상품에도 먼지가 쌓여 있었다. 그걸 보면서 '얼마나 오래 안 팔려서 이렇게 먼지가 쌓였을까?' 생각했던 기억이 났다. 하물며 잘 보이지 않는 안쪽에 진열된 상품들은 더욱 먼지가 심하게 쌓여 있었다. 심지어 바닥이나 벽, 유리문과 손잡이 등에도 얼룩이 져 있었다. 매일 보는 내 눈에는 잘 안 보이는 것도 어쩌다 한 번 보는 손님의 눈에 먼지나 더러움이 더 잘 보일 수도 있다. 게다가 건강기능식품을 사러 온 손님이라면 건강에 더 민감한 사람일 테니 불결하고 관리가 안 된 매장에서 뭔가를 사고 싶지는 않을 것 같았다.

둘째, 전 주인은 말을 너무 많이 했다. 손님들의 문의에 대답해주는 정도가 아니라 자기 이야기를 늘어놓기 일쑤였다. 열 마디를 하면 손님 문의에 대한 답은 한두 마디에 불과하고 나머지는 자기 얘기였다. 그러니 손님들이 지루해하기도 하거나 심지어 불편해하는 것이 내 눈에도 보였다.

셋째, 제품 진열 상태가 엉망이었다. 우선, 매대 곳곳이 비어 있었다. 손님들이 잘 찾지 않는 제품은 아예 들여놓지 않는 것 같았다. 더욱이 매대 뒤쪽에 있는 제품들은 서로 뒤죽박죽 섞여 있었다. 이래서야 손님들이 불편한 것은 물론이고 재고 파악도 제대로 되지 않을 게 분명했다.


## 성실함은 언제든 빛을 발한다

문제를 파악했으니 이제 해결할 차례였다. 우선, 나는 좀 더 일찍 출근해 주말 시장에서 청동 제품을 반짝반짝 광내서 팔 때 얻었던 그 지혜로 상품들은 물론이고 제품 선반들까지 구석구석 꼼꼼하게 닦았다. 이렇게 청소하면서 매대 상품들을 한눈에 보기 좋게 진열했다. 비어 있는 매대는 새로 주문해서 채워놓기도 했다. 매대가 텅텅 비어 있으면 손님들은 장사도, 관리도 안 되는 곳으로 여기기 쉬울 테니 말이다. 이렇게 다시 진열하면서 뒤죽박죽 섞인 제품들을 일목요연하게 정리하면서 재고도 다시 파악할 수 있었다. 손님이 좋아하는 매장으로 변화시켜 나갔다. 손님을 대하는 방식도 전 주인과 차별화했다.

아침마다 상품을 닦고 진열하면서 상품 이름만이 아니라 라벨에 붙어 있는 성분이나 효과도 파악하려 애썼다. 거래처에서 받은 상품 소개서도 틈틈이 보면서 공부했다. 생소한 전문 용어가 많다 보니 사전을 찾아보며 공부할 수밖에 없었다. 영어가 능숙하지 않아 사전을 찾아보기도 쉽지 않았는데, 그럴 때면 매장에 물건을 공급하러 온 거래처 영업자에게 물었다. 민망한 이야기지만, 인상 좋아 보이는 손님들에게 물어본 적도 있다. 이렇게 열심히 하니 거래처 직원들이 건강 관련 잡지 같은 것들을 가져다주기 시작했다. 틈날 때면 이런 것들도 읽어보고, 모르는 단어나 문장은 또다시 사전을 찾아보거나 물어봐서 외우려 애썼다. 이런 과정에서 손님들과 상품에 관한 대화를 나눌 수 있게 됐다. 처음에는 아는 것도 없고 영어가 짧아서 손님들 질문에 거의 대답해주지 못하거나 단답형으로만 답했다. 그런데 오히려 손님들이 나에게 여러 이야기를 한참 동안 해주기도 했다. 계속 듣고 있다가 눈치를 봐서 짧은 단어로 맞장구를 쳐주면 손님은 흡족한 얼굴로 상품을 사 가곤 했다. 손님들에게 말을 걸 때도 가능하면 그 손님의 관심사와 관련해 물었다. 그럼 손님들이 알아서 그 제품의 효능을 알려주기도 했다. 지난번에 사 갔던 영양제를 먹었더니 어디가 얼마나 좋아졌는지 후기를 말해주는 손님도 있었다. 이런 손님은 당연히 재구매 비율이 높았는데, 꼭 더 사지 않더라도 그런 이야기가 도움이 되었고 고마웠다.

그렇게 내가 판매하는 제품들에 대한 지식도 늘고 영어도 조금씩 늘면서 손님들이 무언가 물어보면 더 잘 설명해줄 수 있게 됐고, 조금 더 시간이 지나서는 맞춤 제품을 추천해줄 수도 있게 됐다. 자주 온 손님들은 내게 영어가 늘었다며 엄지를 치켜세우기도 했다. 이런 작은 변화들이 모이고 쌓이면서 조금씩 손님이 늘기 시작했고, 적자도 점점 줄어갔다.

## 진상 고객을 팬으로 만들어야 한다

장사를 해보면서 느낀 것인데, 손님은 정말 다양하다. 성격도, 생김새도, 원하는 것도, 취향도 제각각이다. 어떤 사람은 이것저것 따지는가 하면, 어떤 사람은 내가 추천해주는 제품을 고민 없이 사기도 한다. 단골도 유형이 나뉜다. 자주 온다고 다 같은 단골이 아니다. 항상 혼자 와서 같은 제품만 사 가는 손님도 있고, 올 때마다 도전적으로 새로운 제품을 사 가는 손님도 있다. 말없이 제품만 사서 가는가 하면, 처음에는 사지도 않고 이런저런 불평만 늘어놓기도 한다. 어떤 사람이건, 일단 내 매장에 들어왔으면 내 고객이라 생각하고 그들의 말에 경청하려 했다. 세상에 자기 말을 들어주면 싫어하는 사람은 없다. 장사하는 입장에서는 말을 많이 해주는 사람이 고맙기도 하다. 무엇을 원하는지 파악하기 편하니 제품을 추천해주거나 상대하기도 편하기 때문이다. 이런 과정에서 깨달은 사실이 있다. 불평이나 불만이 많은 손님일수록 진짜 단골이 될 가능성이 크다는 것이다.

하루는 처음 보는 손님이 들어오더니 주인이 바뀌었느냐고 물었다. 그렇다고 하자 이런저런 불평을 늘어놓고는 아무것도 사지 않고 나갔다. 며칠 후, 그 손님이 다시 매장을 찾아왔고, 이번에도 불평을 늘어놓기 시작했다. 솔직히 짜증이 났지만, 마음을 고쳐먹고 경청해보기로 했다.

"뭐야, ○○는 오늘도 없네요? 주인이 바뀌었어도 달라지는 게 없네."

이어서 손님은 전 주인 이야기를 시작했는데, 이번에는 웃으며 맞장구를 쳐주었다. 그러자 손님은 불평이 조금 누그러졌는지 매대에 있던 제품 두어 개를 들고 내게 정보를 물었다. 정말 궁금해서 물어본 건지 아니면 나를 한번 떠보려는 건지 알 수 없었다.

"저도 그건 잘 모르겠네요. 다음에 오시면 꼭 알려드릴게요."

웃으며 말하자 손님은 고개를 끄덕이고는 조금 더 불평을 늘어놓은 뒤에 역시 아무것도 사지 않고 나갔다. 그리고 머지않아 그 손님이 다시 왔다.

"아, 손님! 며칠 전에 오셨죠? 그때 말씀하신 ○○ 제품 들여놨습니다. 그리고 그때 물어보셨던 것 말인데요…."

　나는 약속했던 대로 그가 지난번에 물어본 제품 정보뿐만 아니라 이와 관련한 건강 상식 등을 설명해주었다. 손님은 질문에 대한 답변에도 만족했지만, 그보다는 지나가듯 말한 제품을 들여놓은 게 흡족했는지 표정이 살짝 달라졌다. 전 주인이 운영할 때도 왔다더니 내가 인수하고서도 세 번이나 온 걸 보면 나와 우리 매장이 그렇게 싫지는 않았던 것 같다. 나로서도 그 손님이 싫지 않았다. 처음에는 아무것도 사지 않고 불평만 늘어놓는 밉상이었지만, 돌이켜보면 덕분에 나도 더 공부할 수 있었으니 고마운 손님이라는 생각이 들었기 때문이다. 이날은 손님도 빈손으로 나가지 않고 제품을 하나 샀다. 나는 거래처에서 홍보용으로 받은 사은품과 요구르트 같은 간식을 함께 넣어주었다. 손님은 오히려 이렇게까지 받아도 되나 싶은 표정이었다.

　며칠이 지나고, 그 손님이 다시 찾아왔다. 그런데 이번에는 혼자가 아니었다. 친구를 데려온 것이다. 표정도 그때까지와는 달리 한결 부드러워 보였다. 그는 함께 온 친구에게 이런저런 설명을 해주었고, 제품 하나를 사서 선물해주었다. 이후 이 손님은 단골이 됐고, 심지어 몇 번이나 다른 손님을 데려왔으며, 그중에도 또 단골이 생겼다. 만약 그를 '불평만 늘어놓고 아무것도 사지 않는 진상'으로 여겨 대충 대했다면 수많은 단골을 놓칠 뻔했던 것이다. 이때의 경험이 나에게는 깊게 각인됐다. 누군가가 나를 무시해도 내가 상대를 존중하면 상대는 나에게 깊이 신뢰하게 된다. 더욱이 불평불만이 많은 손님은 오히려 잠재적 단골이 될 가능성이 크다. 이 손님만이 아니었다. 이후로도 나는 소위 '진상'이라 할 만한 손님들일수록 오히려 더 친절하게 대했고, 그중 상당수가 단골이 되었다. 이렇게 단골이 된 손님들은 나에 대한 신뢰 덕분인지 지인들을 데려왔다. 작은 눈덩이가 굴러갈수록 커지듯 사소한 판단이 점점 큰 결과를 불러오는 스노우-볼$^{snow-ball}$ 효과가 나타난 것이다.

　여기서 한 걸음 더 나아가 나는 매대의 상품을 주기적으로 바꿨다. 같은 자리에 같은 제품들만 있으며 자주 오는 손님도 항상 같은 제품만 보게 된다. 그렇게 되면 손님은 장사가 안 되는 곳이라 생각할 수도 있고, 판단의 폭도 좁아진다. 매장은 곧 사장의 얼굴이다. 그러니 매대의 상품 진열을 바꾸는 것은 우리 매장에는 이런 다양한 제품이 있음을 보여주고, 주인인 내가 매장 운영에 신경 쓰고 있다고 호소하는 것과 같다. 이렇게 마음가짐과 운영 방식을 바꾸자 1년도 되지 않아 매출이 50% 이상 올라 흑자가 나기 시작했다. 매장을 잘못 인수했다고 후회하기만 해서는 이룰 수 없는 결과였다. 잘못된 판단을 내린 것처럼 보인다 해도 내가 어떻게 하느냐에 따라 결과도 달라질 수 있음을 깨닫게 된 계기였다.

# 기회는 평범한 얼굴로 다가온다

삶에서든 사업에서든 우리는 수많은 기회를 맞이하게 되고, 그에 못지않은 위기를 겪게 된다. 그러나 위기든 기회든 모두 이름표를 달고 찾아오는 게 아니라 지극히 평범한 얼굴로 다가온다. 이를 알아보는 사람만이 위기를 기회로 바꾸고 기회를 내 것으로 만들 수 있다. 그러기 위해서는 무엇이 베스트 옵션인지 늘 고민하는 자세가 필요하다. 그러나 그보다 중요한 것이 있다. 바로 다양한 경험이다. 아는 만큼 보이는 법이다. 다양한 경험을 쌓고 모든 선택 앞에서 기회인지 위기인지, 최선의 선택은 무엇인지 따져보는 마음만 있다면 작은 기회도 놓치지 않고 큰 위기를 피할 수 있을 것이다.

## 손님을 진정으로 위한다면

　장사를 시작한 지 1년이 넘어가면서 매출도 오르고 수입이 안정화되어 가던 무렵, 한국인 부부가 찾아왔다. 내가 장사를 하던 동네는 한국인을 찾아보기 힘든 곳이었다. 그런 곳에서 우리나라 사람을, 그것도 부부를 만났으니 그것만으로도 반가웠다. 그 부부도 한국 사람은 오랜만에 본다며 반겼다. 그러나 그런 와중에도 부부의 얼굴에는 그늘이 진 것 같았다. 사이가 안 좋은 걸까? 아니면 부부싸움이라도 한 걸까? 매장을 둘러보는 동안에도 둘은 어딘가 데면데면한 모습이었고, 대화도 거의 나누지 않았다. 간혹 한쪽이 말을 걸어도 서로 시큰둥했다. 그렇다고 우리 가게에 불만이 있거나 기분이 나쁜 것은 아닌 듯했다. 무슨 일인지 궁금했지만, 개인적인 이야기를 물어볼 수는 없었다. 매장을 한번 둘러본 그들은 내게 다가와 물었다.

　"혹시 피로 해소에 좋은 영양제 뭐가 있을까요?"
　"많이 피곤하신가 봅니다."
　"사실은 저희가 이민 온 지 얼마 안 됐거든요. 지금 청소 일을 하고 있는데 매일 10시간씩 일하려니까 좀 힘에 부치네요."

"아, 저도 이곳을 열기 전에는 청소 일을 해서 잘 압니다. 많이 힘드시죠?"

내가 조심스레 건넨 말에 두 사람은 고맙다는 듯 웃으며 말을 이어 갔다. 안 그래도 한국인이라는 이유만으로 반가웠던 나는 그 부부의 말에 더욱 친밀감이 들었다. 이 부부도 나에게 동질감이 들었는지 표정이 한층 편해졌고, 셋이서 잠시 이런저런 이야기를 나누었다. 이들의 이야기를 듣는 동안 호주에서의 몇 년이 눈앞을 스쳤다. 돈도, 내세울 지식이나 기술도 없고 심지어 영어도 제대로 하지 못하는 나 같은 동양인이 호주에서 할 수 있는 일은 뻔했다. 내 시간을 1분이라도 더 할애하여 몸으로 때우는 일뿐이었다. 더욱 힘든 것은 언제 일이 끊길지 모른다는 불안함이었다.

"맞아요! 진짜 맞아요! 몸 힘든 것도 힘든 건데, 당장 내일이라도 일이 끊기면 어쩌나 싶어서 밤잠 설칠 때도 많다니까요!"

이 부부 역시 당시의 나와 같은 심정이었는지 내 말에 크게 공감했다. 그런 그들을 보며 문득 그런 생각을 했다. 나나 이 부부처럼 이민

온 사람들이 영어를 못해도, 특별한 기술이나 지식이 없어도 할 수 있는 일은 없을까? 동양인이라고 차별받지 않으면서 너무 고되지도 않은 직업, 일반적인 회사처럼 퇴근 후 가족과 함께할 수 있는 일, 부자는 못 되더라도 먹고사는 데 지장 없을 정도의 급여가 확보되는 직장, 언제 해고당할까 전전긍긍하지 않아도 되는 일자리. 그런 곳이 있으면 좋겠다는 생각이 들었다. 돌이켜보건대, 그런 생각이 내가 사업을 시작하고 중간에 위기가 찾아와도 포기하지 않는 원동력이 되어주었다. 그러나 이는 더 후의 이야기이고, 당시에는 일단 이 지친 한국인 부부를 위해 좋은 제품을 추천해 주기로 했다. 내가 이들에게 추천해준 제품은 로열젤리였다.

예전에 브리즈번에서 온 남자가 여행길에 우리 매장에 들렀는데, 오자마자 로열젤리를 찾았다. 항상 먹는 건데 다 떨어진 참이라고 했다. 50g 한 병에 50달러나 하다 보니 잘 팔리지 않았는데, 그는 남아 있던 로열젤리를 모두 샀다. 판매자가 손님에게 묻는 게 좀 우스웠지만, 그토록 로열젤리를 찾는 이유가 궁금했다.


"로열젤리가 그렇게 좋은가요?"
"제가 몇 살로 보이나요?"

"글쎄요. 쉰 정도 되실 것 같은데……. 아닌가요?"

"젊게 봐줘서 고맙군요. 제가 올해로 예순 하나입니다."

남자의 얼굴은 햇볕에 조금 그을리긴 했어도 그렇게 나이 들어 보이지는 않았다. 내 말에 남자는 껄껄 웃으며 답했다. 그러더니 깜짝 놀란 내게 그는 로열젤리가 자신의 젊음의 비결이라며 뭔가 비밀이라도 털어놓듯 말했다. 그 모습이 내 눈에는 꼭 로열젤리를 찬양하는 것 같았다. 그때의 기억이 떠올라 로열젤리를 권했더니 한국인 부부는 비싼 가격에 잠시 망설였다. 그러나 이내 지갑을 꺼냈다. 나는 힘없이 돌아서서 가는 그들을 보며, 저 가엾은 부부에게 로열젤리가 꼭 도움이 됐으면 좋겠다고 생각했다. 단순히 돈을 벌었기 때문이 아니라, 진정으로 저들이 기운을 되찾고 지금보다 행복한 삶을 살게 되기를 바랐다.

## 기회든 위기든, 답은 고객에게 있다

한 달이나 지났을까. 한국인 부부가 다시 찾아왔다. 나는 진심으로 그들이 반가워 거의 버선발로 뛰어나가듯 반겼다. 다행히 이들은 지난

번보다 안색이 밝아 보였다.


"사장님, 로열젤리 그거 진짜 효과 좋던데요? 더 있나요? 이번에는 1kg쯤 사고 싶어요!"
"효과를 보셨다니, 다행이네요. 그렇다고 너무 많이 사시는 거 아닌가요?"


나는 그 말에 기분 좋으면서도 깜짝 놀랐다. 1kg이면 가격이 무려 1,000달러였다. 지금 기준으로도 영양제 한번 사는 데 쓰기에는 큰 돈이니 그 시절에는 말할 것도 없었다. 돈을 버는 것도 좋지만, 손님의 사정도 걱정이 돼 물었다. 그러나 손님은 단호했다. 이야기를 들어보니 그럴 만도 했다. 이야기는 그랬다. 두 사람은 예전의 내가 그랬듯 청소 일을 밤늦게까지 할 수밖에 없었고, 집에 돌아가자마자 쓰러져 잠들기 일쑤였다. 여가나 취미를 즐기기는커녕 진지한 대화를 나눌 시간조차 부족했다. 피곤하다 보니 신경도 예민해져 다투는 일도 잦았고, 자연스레 부부 관계가 멀어지는 지경에 이르렀다. 그런데 로열젤리를 먹으면서부터 같은 일을 해도 피로가 적었고 활력이 넘쳤다. 일의 능률도 올라서 더 금방 마무리할 수 있었다. 이전보다 시간적으로도 조금이나마 여유가 생겼고, 피로가 덜하니 서로에게 예민하게 굴지도 않았다. 자연스레 부부 사이에 대화가 늘었고, 관계가 회복됐다.

"이제 로열젤리 없으면 안 될 것 같아요. 양가 부모님께도 선물하려고요."

이전과는 다른 사람이라도 된 것처럼 환하게 웃는 부부의 얼굴을 보면서 그렇게 흐뭇할 수가 없었다. 장사를 시작하길 잘했다는 생각이 들었다. 부부가 돌아간 후, 나의 관심은 로열젤리로 옮겨갔다. 일전에 브리즈번에서 온 손님도 그렇고 이번 부부도 그렇고, 거의 추종자라 해도 좋을 만큼 로열젤리의 효능을 극찬했으니 솔깃했다. 이토록 생생한 후기를 두 번이나 직접 들으니 관심이 갈 수밖에 없었다.

그때부터 건강 서적들도 찾아보면서 로열젤리의 효능을 알아보기 시작했다. 알면 알수록 지금껏 정확한 효능도 모른 채 팔아왔다는 사실에 부끄러워질 지경이었다. 그만큼 로열젤리는 뛰어난 건강식품이었다. 피로 해소와 체력 증진 효과가 뛰어나고, 면역력을 높여주며, 항산화 기능이 있어서 노화 방지에도 탁월했다. 장수와 회춘의 비결이라고 불리는 데에는 다 이유가 있었다. 그뿐만 아니라 호르몬 균형을 맞추는 데에도 도움을 준다. 실제로 10여 년 동안 난임으로 마음고생이 심했던 부부가 로열젤리를 먹고 금세 아이가 생겼다는 이야기도 들었다.

이렇게 여러 손님의 생생한 후기를 듣고 공부한 결과, 로열젤리를 주력 상품으로 삼기로 했다. 이 선택은 그야말로 베스트 옵션이었다. 여러 제품을 조금씩 팔면서 나쁘지 않은 수익을 올리고는 있었지만, 확실한 대표 상품이 있느냐 없느냐는 큰 차이가 있게 마련이다. 여러 음식이 그럭저럭 괜찮은 식당보다는 한 가지 대표 메뉴가 있는 식당이 입소문도 타기 쉽고 더 크게 성공하지 않는가. 나도 로열젤리에 주력하면서 매출이 급증했고, 이를 계기로 사업을 확장할 수 있었다.

내가 이런 최고의 선택을 할 수 있었던 것은 모두 손님들 덕분이다. 뒤에서 더 자세히 이야기하겠지만, 로열젤리를 공급받는 과정 자체가 하나의 큰 기회였는데, 이런 기회를 발견하고 움켜쥔 것 모두 손님들의 이야기에 귀 기울였기에 가능했다. 또한, 이를 계기로 나는 나의 일을 다시 생각해보게 됐다. 손님들의 생생한 증언과 이들의 달라진 삶을 보면서 좋은 제품은 많은 사람에게 도움을 준다는 사실을 새삼스레 느꼈다. 내가 파는 제품들은 단순히 돈벌이 수단이 아니라 사람들의 삶을 개선해주는 보물이라는 생각도 들었다. 이렇게 이로운 제품이라면 더 널리 알리고 싶었다. 그럴수록 더 많은 사람에게 도움을 주고 삶을 바꿀 수 있을 테니까. 그런 마음으로, 로열젤리의 공급처를 알아보기 시작했다.

# 사업가 딱지를 달고
# 태어나는 사람은 없다

세상 모든 일이 계획대로 흘러가지는 않는다. 때로는 전혀 예상치 못했던 길로 접어들기도 하고, 그전까지는 상상도 못 했던 일을 하며 살아가기도 한다. 내가 그 대표적인 사례다. 나는 내가 사업가가 될 거라고는 생각지도 못했다. 상황에 휩쓸려 장사를 시작했고, 우연히 다가온 기회를 붙잡았더니 더 큰 기회가 찾아왔다. 그리고 좀 더 많은 사람에게 도움을 주고 싶다는 생각으로 고민 끝에 매장을 늘려가다 보니 어느덧 지금에 이르렀다.

## 신뢰가 무너지면 무엇도 같이할 수 없다

로열젤리를 주력 상품으로 삼으려고 보니 몇 가지 문제가 있었다. 그중 두 가지는 꼭 해결해야만 하는 문제였다. 우선, 가격이 너무 비쌌고, 아직 효능이 잘 알려지지 않은 상태였다. 가능한 한 싸게, 많은 양을 공급받아야 가격 문제를 조금이나마 해결할 수 있을 터였다. 효능을 알리는 것은 내 몫이라 생각했다. 우선, 도매상을 만났다. 가격과 공급량 협상은 기대한 대로 흘러가지 않았다. 도매상도 입장이 있으니 당연한 일이었다. 가격 조정은 어려웠지만, 대신 판매 독점권을 받기로 했다. 어차피 다른 매장 사람들이 로열젤리에 그다지 관심을 두지 않는 상황이라면 차라리 그 효능을 잘 알고 널리 알리는 데 관심이 많은 내가 판매하는 편이 낫겠다는 생각에 받아들이기로 했다. 그러나 얼마 지나지 않아 그 도매상이 다른 곳에도 로열젤리를 공급하고 있음을 알게 됐다.

"나에게 독점권을 준다면서요! 약속이 다르지 않습니까!"
"그쪽에서 더 많이 산다는데 어쩌겠어요?"

내가 따져 묻자 그는 적반하장으로 나왔다. 처음부터 솔직하게 말했다면 그토록 화가 나지는 않았을 것이다. 다른 곳에서 많이 사 간다는 건 그만큼 로열젤리의 효능을 아는 사람이 늘어가고 있다는 증거일 테니까. 나는 로열젤리를 팔아서 돈을 벌고 싶은 마음도 분명 컸지만, 그에 못지않게 많은 사람이 로열젤리의 효능을 통해 삶이 보다 행복해지기를 바라는 마음도 있었다. 나는 그와의 거래를 끊고 다른 도매상을 찾았다.

사실, 수익만 생각했다면 원래의 도매상과 계속 거래하는 게 옳은 선택이었을 것이다. 공급망도 더 안정적이었고, 가격도 더 좋았기 때문이다. 그러나 나는 그때나 지금이나 신의를 저버린 사람과는 일하지 않는 것을 철칙으로 삼는다. 그는 내게 거짓말을 했다. 신뢰는 무너졌다. 다른 백 가지 좋은 점이 있더라도 그 한 가지 이유만으로도 그와는 거래하지 않는 게 나의 철칙에 부합했다. 그러나 새로운 도매상 역시 이내 신뢰를 저버렸다. 딱 봐도 로열젤리 색깔이 좀 이상해서 이유를 물어보니 도매상은 귀찮다는 듯 답했다.

"옥수숫가루를 많이 섞은 것 같네요."

그 말에 나는 뒤통수를 세게 얻어맞은 느낌이었다. 품질에 문제가 있는 것으로도 모자라 이를 대수롭지 않게 여기다니! 도저히 용납할 수 없는 일이었다. 어떤 사업에서든 품질은 기본이자 생명 아닌가! 하물며 건강기능식품은 건강을 생각해서 먹는 것인데 품질에 문제가 있다면 아무리 가격이 싸도 소용없는 일이라 믿었다.

"먹는 걸 가지고 이러면 안 되지 않습니까?"
"어차피 손님들은 잘 몰라요."
"당신 가족이 먹는다고 해도 그렇게 할 수 있어요?"
"뭘 그렇게 따지십니까! 팔리기만 하면 되는 거 아니에요?"

결국, 나는 이번에도 도매상과의 거래를 끊었다. 로열젤리를 공급하는 도매상이 그리 많지도 않은 상황에서 이런 결정을 내리려니 솔직히 걱정도 됐다. 그러나 내가 파는 상품은 고객에게 행복을 줘야만 한다. 품질과 성능은 당연히 뛰어나야 하고, 그 과정에서든 결과에서든 거짓이 섞여서는 안 된다. 당시에는 당장 손님에게 내놓을 로열젤리가 없는 상황이라 초조했지만, 돌이켜보자면 그때 그 판단은 그야말로 베스트 옵션이었다. 한 번 타협하면 계속해서 타협하게 된다. 이때 나의 고집을 꺾지 않은 덕에 늘 최고의 품질을 유지할 수 있었고, 지금의 레이델이 있게 된 것이다.


## 여왕벌은 처음부터 여왕벌로 태어나지 않는다


로열젤리를 찾기 위해 방방곡곡 수소문을 했고, 도매상이란 도매상은 모두 연락해서 만나보았다. 그 결과, 호주에는 로열젤리를 생산하는 곳이 없고, 대부분 중국에서 수입한다는 사실을 알게 됐다. 호주에 로열젤리를 수출하는 중국 회사에 연락해봤더니 자신들이 생산하고 있다는 답이 돌아왔다. 그러나 그동안 도매상들에게 몇 번이나 실망한 탓에 내 눈으로 직접 봐야 믿을 수 있을 것 같았다. 나부터 의심할 여지가 없어야 고객들과의 신뢰도 지킬 수 있다는 믿음이 있었다. 그래서 굳이 그 먼 중국까지 직접 가서 확인하기로 했다.

비행기를 타고 광저우를 거쳐 북경으로 향했다. 가는 길에 난기류를 만나 비행기가 크게 흔들려서 이대로 죽는 건 아닌가 싶을 만큼 아찔한 순간도 있었고, 착륙 후 비행기에서 내리는 계단이 없는데 안내조차 해주지 않아서 하염없이 기다리기도 했다. 그렇게 예정 시간을 한참 지나서야 도착한 공항에는 제복을 입은 공안들이 하나같이 무뚝뚝하고 차가운 표정으로 사람들을 둘러보았다. 잘못한 것도 없는데 괜히 위축되고 긴장됐다. 그래서인지 생산지에 도착하기도 전부터 진이 빠지고 말았다.

내가 처음 도착한 곳이 북경이었다. 당시 중국에서 로열젤리를 수출하는 회사는 단 한 곳이었다. 차이나 미히코<sup>CHINA MEHECO</sup>라는 회사에서 중국 각지에서 생산된 모든 로열젤리를 수출했다. 그 회사 담당자들과 미팅하던 중 중국을 본 느낌을 물어보길래 나는 정말 느낀 그대로 서비스가 없는 나라, 침울한 얼굴과 옷은 전부 군복 같고 다 같이 가난해 보인다고 말하면서 그런데 이 사무실에서 근무하는 사람들은 조금 달라 보인다고 이야기하니 그 자리에 있던 사람들이 얼굴을 붉혔다. 흥분이 가라앉길 기다리면서 중국은 거대한 나라라고 생각하며 지금은 곰이 겨울잠을 자는 것처럼 보인다고 긍정적인 의견도 덧붙였다. 다행히도 그 자리에 있던 사람 중에서 나를 도와 줄 사람을 찾을 수 있었는데, 내가 방문했던 시기가 겨울이라 로열젤리를 생산하는 것은 못 보고 돌아와야 했다. 다음 해 3월, 로열젤리 생산 과정을 볼 수 있다고 연락이 와서 나는 다시 중국으로 향했다. 북경에서 상해로, 상해에서 다시 우시로 이동해서 로열젤리 생산 공정을 눈으로 직접 확인하게 됐는데 바로 그곳에서 나의 평생 친구가 된 중국인 릴리화를 만났다. 릴리화는 영어를 전공해 내가 중국에 가면 항상 통역을 도맡아 해주었다. 우여곡절 끝에 도착한 로열젤리 생산 농장은 한 가족이 운영하는 곳이었다. 중국 정부 차원에서 로열젤리 생산을 관리하기 때문에 생산 허가를 받기도 쉽지 않은데, 일반적으로 이렇게 가족 단위로 운영한다고 했다.

생산지에 도착하자마자 나도 모르게 탄성을 질렀다. 끝이 안 보일 만큼 드넓은 들판에 노란 유채꽃이 가득했다. 그야말로 그림 같은 풍경이었다. 로열젤리가 생산되는 모습을 보고 있는데, 농장 운영자가 다가와 이런저런 이야기를 해주었다. 수많은 벌이 부지런히 꽃밭을 날아다니며 꽃가루와 화분을 먹고 소화시켜 다시 토해낸 물질이 바로 로열젤리다. 여왕벌은 이 천연영양 덩어리 로열젤리만 먹는다. 여왕벌이 일벌보다 훨씬 크고 수명도 50배나 길다는데 그 이유가 로열젤리 덕이라고 한다. 보통은 벌통 하나에 왕대(여왕벌의 유충이 발육하는 집)가 한두 개밖에 없는데, 생산지에서는 이를 인공적으로 100개 정도 만들어서 생산량을 늘린다. 그럼에도 일일이 사람의 손을 거치다 보니 하루에 한 가정에서 만들 수 있는 양이 4~5kg 정도밖에 되지 않는다. 그러니 매우 귀하고, 가격이 비쌀 수밖에 없다.

중국 로열젤리 생산 농장의 유채꽃밭 앞에서 왕대를 들어 보이고 있다.

왕대에 모인 로열젤리를 직접 먹어보고 있다.

여기까지는 어느 정도 알고 있었는데, 이어진 이야기는 상당히 흥미로웠다. 여왕벌은 태어날 때부터 여왕벌이 아니라는 말이었다. 그의 설명에 따르면, 일벌들은 알에서 부화한 모든 유충에게 똑같이 로열젤리를 먹인다. 그러다가 3~4일이 지나면 그중 몇몇 유충만 골라서 이들이 있는 방을 넓히는 왕대를 만들고, 유충기가 끝날 때까지 로열젤리만 먹인다. 왕대 밖에서 자라는 다른 유충들에게는 서서히 로열젤리를 줄이고 꽃가루와 꿀을 섞어 만든 먹이를 준다.

별다른 차이가 없는 유충으로 태어났음에도 어떤 벌은 여왕벌이 되고 어떤 벌은 일벌이 되는데, 무엇을 먹고 크느냐에 따라 결정되는 셈이었다. 왕대 안에서 가장 먼저 성장을 마친 벌이 여왕벌이 되는데, 동시에 두 마리가 생겨나면 서로 싸워서 강한 녀석이 여왕벌이 된다고 한다.

그 이야기를 들으면서 '이런 작은 벌들조차도 참 치열하게 살아가는구나!' 하는 생각이 들었다. 그러다가 문득 사람 사는 것도 이와 다르지 않다는 생각이 들었다. 똑같이 태어나서 어떤 유충은 일벌이 되고 어떤 유충은 여왕벌이 되는 것처럼, 별다른 것 없었던 사람도 누군가는 성공하고 누군가는 실패하며 또 누군가는 평범하게 살아간다. '그렇다면 나 역시 여왕벌 같은 존재가 될 수 있는 걸까? 태어날 때는 보잘것없었어도 지금보다 더 위를 바라보고 살아도 되지 않을까? 내게도 그런 기회가 있을까?' 생각해보니 나는 일벌처럼 열심히 일만 하면서 살아왔다. 그러다가 내 이름을 걸고 장사를 시작했다. 이것 역시 어쩌면 작은 기회를 잡은 것인지도 모른다. 여러 유충 중 몇 마리만 걸러진다는 것처럼, 나 역시 그런 작은 턱을 넘어선 것은 아닐까? 그렇다면 앞으로 내가 어떻게 하느냐에 따라서 미래가 완전히 달라질 수 있다는 뜻인지도 모른다!

그때, 불현듯 사업가가 되고 싶다는 생각이 들었다. 장사와 사업의 차이, 장사꾼과 사업가의 차이가 뭐냐고 묻는다면 정답을 말해주긴 힘들겠지만, 그래도 '사업가'라고 했을 때 떠오르는 이미지는 아무래도 다수의 직원을 고용하는 모습 아닌가. 나에게서 로열젤리를 사 갔던 부부를 보며 잠시 상상했던, 나와 같은 동양인도 이 호주에서 차별받지 않고 돈을 벌 수 있는 안정적인 일자리라는 게 세상에 없다면 내가 만들 수도 있지 않을까 하는 생각이 들었다.

지금이야 나 혼자, 기껏해야 아내가 잠시 와서 도와주는 것만으로 매장을 운영하고 있지만, 이런 매장이 5개, 10개, 100개가 된다면? 그럼 수십 명에서 수백 명을 고용할 수 있다는 뜻이다! 구체적인 계획은 없었지만, 이때부터 내 가슴속에는 작은 매장 하나 운영하는 장사꾼이 아니라 수십, 수백 명의 삶에 긍정적인 영향을 주는 사업가가 되고 싶다는 생각이 움텄다. 더욱이 그저 돈벌이 수단이 아니라 건강기능식품을 통해 더 많은 사람이 건강하고 행복한 삶을 살 수 있게 하겠다는 나의 목표를 생각하더라도 사업 확장은 좋은 방법이었다. 매장 하나에서 만날 수 있는 고객보다는 매장 100개에서 접할 수 있는 고객이 훨씬 많을 테니 말이다.

아마도 불과 며칠 전이었다면 나는 그런 상상을 곧장 머릿속에서 털어냈을 것이다. 나는 사업가란 타고난 사람이라고 여겨왔기 때문이다. 마치 여왕벌이 처음부터 여왕벌로 태어나는 것으로 잘못 알고 있던 것처럼. 이는 나의 착각이었다. 유충이 여왕벌이 되는 것처럼, 나와 같은 보잘것없어 보이는 사람도 사업가 될 수 있다.

애초에 사업가 딱지를 달고 태어나는 사람은 없다. 사업가가 되는 데에 중요한 조건은 손님을 먼저 생각하고, 멀리 보는 혜안을 키우는 것이다. 손님이 없으면 사업도 유지할 수 없고, 멀리 보고 생각하지 않으면 사업을 오래 할 수 없기 때문이다. 이런 능력은 누구나 경험과 훈련으로 키울 수 있다.

흔히 로열젤리가 꿀처럼 달콤할 거로 생각하지만, 막상 먹어보면 오히려 쓴 신맛에 가깝다. 몸에 좋은 약이 쓰다고 하지 않던가. 그렇다면, 그동안 내가 겪어온 온갖 시련과 고생들은 나를 성장하게 만든 로열젤리가 아닐까? 그 생각이 맞다면, 나는 이미 충분한 로열젤리를 먹은 것이다. 그리고 이제 여왕벌이 될 순간이었다.

# 신뢰의
# 가격

사업을 시작하면서 가장 중요하게 생각한 가치가 바로 '신뢰'다. 신뢰를 저버린 도매상들을 반면교사 삼았기 때문이기도 하지만, 애초에 나는 고객에게 건강을 파는 사람이기 때문이다.

건강은 곧 행복과 직결된다. 건강을 위해 고객은 돈을 내고 나 같은 사람들에게서 영양제나 기능식품을 산다. 그런데 내가 판 제품이 효과가 없거나 역효과가 크다면 그것은 고객의 신뢰를 저버리는 행동이고, 고객들은 건강이 좋아지기는커녕 오히려 악화될 수도 있다. 그들의 삶은 불행해지고, 나는 그 불행의 대가로 돈을 버는 셈이 된다. 그런 일은 할 수 없다. 고객의 행복에 이바지하기 위해서는 고객이 믿고 먹을 수 있는 제품을 팔아야 한다. 그래서 나에게는 신뢰가 무엇보다도 중요한 가치였다.

## 고객에게 팔기 싫을 정도로 내 제품에 애착이 생긴다면

중국의 로열젤리 생산지에서 생산업자와 직접 이야기해 우선 500kg을 수입했다. 상당히 많은 양이었지만, 그만큼 로열젤리에 대한 확신이 있었고, 한 번 먹어본 손님은 다시 찾을 거라는 믿음이 있었다. 실제로 시간이 지날수록 로열젤리 판매량이 치솟았다. 2년 후에는 직원을 고용해야 할 정도였다. 내가 생각하는 '장사'와 '사업'의 중간 지점이었다.

처음 장사를 시작했을 때만 해도 나는 호주에서 건강기능식품 전문점을 운영하는 거의 최초의 한국인이었다. 그런데, 전문 지식이 없는 사람도 건강식품점을 할 수 있다는 소문이 교민 사회에 알려지면서 1987년 이후 호주로 이민을 와서 제대로 된 일을 찾지 못했던 사람들이 너도나도 앞다투어 건강식품점을 열기 시작했다. 그 대부분은 최소한 나보다는 재력이 있었기 때문에 나는 금세 따라잡힐 판이었다. 선발주자가 후발주자에게 따라 잡히지 않으려면 자신만의 강점이 확실해야 한다. 당시에는 그렇게 체계적으로 고민하지는 않았지만, 어쨌든 위기의식을 느끼고는 뭔가 해야 한다는 생각이 들었다.

내가 생각한 방법은 상품의 다양화였다. 경쟁이 심해지고 있으니 로열젤리만으로는 답이 나오지 않았다. 그래서 찾아낸 제품들이 프로폴리스와 오메가3, 상어 연골, 달맞이 종자유 등이었다. 다행히 선발주자로서의 노하우가 있었고 더 많은 도매상과 단골들이 있었기에 경쟁자들보다 발 빠르게 이런 정보를 구할 수 있었다. 고맙게도 이렇게 찾아낸 제품 대부분은 반응이 좋았다. 이때, 내가 제품을 고르는 기준이 있었다. 우선은 당연히 제품의 기능 성분이 사람들의 건강에 이로움을 줄 수 있어야 한다는 것이다. 이 제품을 구매한 고객들이 전보다 더 건강하고 행복해질까? 이 답에 '예'라는 답이 나오지 않는다면 아무리 많은 돈을 벌 수 있다고 해도 나는 절대로 팔지 않았다. 다음으로는 손님들에 앞서 내가 신뢰할 수 있어야 한다는 점이다. 중국까지 가서 로열젤리 생산지를 두 눈으로 보고 온 것이 그런 이유였다. 내가 확신할 수 없으면 고객의 신뢰를 살 수 없다.

## 신뢰는 비싸다

로열젤리를 수입한 지 3년이 되던 해인 1992년, 중국에서는 시장경제 체제를 본격적으로 추진했다. 그러면서 중국 정부에서 운영하던 로열젤리 공장도 민영화되었고, 수입 가격은 kg당 150달러에서 18달러까지 떨어졌다. 그즈음 내게 로열젤리를 공급하던 중국 파트너인 릴리화가 연락을 해왔다.

"이번에 민영화되면서 내가 공장을 하나 사려고 하는데 돈이 부족하네요. 혹시 좀 도와줄 수 있을까요?"

거래처에 사적인 부탁을 하는 것은 그만큼 절박하다는 의미다. 냉정하게 말하자면 말 그대로 '거래 관계' 아닌가. 더욱이 거래처에 신세를 지게 되면 언젠가, 어떤 방식으로든 내가 굽히고 들어가야 하는 순간이 올 수도 있다.

이 무렵 나도 상황이 좋지 않았다. 경쟁자가 많아지면서 점점 대량 수입으로 가격 경쟁력에서 우위를 보이는 판매자도 그만큼 많아졌기 때문이다. 상품을 다양화해도 반응이 좋은 제품은 금세 더 싼 가격에 판매하는 사람이 많았다. 상황이 어려우니 당연히 거절해야 마땅해 보였으나, 조금 더 생각해보니 이는 좋은 판단이 아닐 듯했다. 가뜩이나 상황이 안 좋은데 공급 파트너까지 잃으면 오히려 더 어려워지지 않을까 하는 생각이 들었다. 최소한 품질에 대해서만큼은 신뢰가 쌓인 공급자와 거래를 계속 유지하는 편이 나에게도 득이라는 생각이 들었다. 다만 민영화되면서 아예 생산지를 직접 소유하게 되면 공급자가 변하지는 않을까 하는 우려가 들었다. 이런 의심이 들었을 때, 나는 오히려 상대를 더 믿기로 했다. 그래서 이렇게 제안했다.

"이렇게 하죠. 돈을 그냥 빌려주는 것보다 좋은 방법이 있습니다. kg당 18달러가 아니라 23달러에 선금으로 살게요. 그럼 당신은 그 돈을 공장 사는 데 보태세요. 나는 앞으로도 원래 가격보다 더 쳐줄 겁니다. 단 조건은 하나예요. 최상의 품질을 보장해주세요."

그는 내 제안을 기꺼이 받아들였다. 그간 보여준 모습 덕분에 신뢰할 만한 사람이라고 생각하긴 했지만, 그래도 매번 품질을 직접 꼼꼼히 확인했다. 내가 그를 신뢰하는 만큼 고객도 나를 신뢰해야 하니 나 역시 그 신뢰를 받는 대가로 해야 할 일을 한 것이다. 그렇게 서로에게 약속을 지키고 품질 개선에 끊임없이 노력을 기울인 결과, 낮은 가격을 내세운 경쟁사들이 우후죽순처럼 생겨나도 우리는 끝까지 살아남을 수 있었다. 사업의 기본인 품질과 신뢰의 힘이었다. 나중에 어떻게 최상의 품질을 유지했는지 그에게 물어보았다. 그는 밝게 웃으며 답했다.

"당신이 내게 제안한 대로 나도 따라 했지요. 농부에게 다른 곳보다 10%를 더 얹어준다고 했거든요. 그랬더니 최상의 재료를 공급하더군요."

이후로 우리의 신뢰는 더욱 돈독해졌고, 30여 년이 지난 지금까지도 거래를 유지해오고 있다.

## 누구도 보지 않지만, 나는 알고 있지 않은가

고객과의 신뢰를 강조하다 보니 때로는 지나쳐 보이는 모양이다. 매장에서 진열이나 청소 상태를 매우 사소한 것까지 꼼꼼히 따지는 내 모습에 누군가는 그렇게 말했다.

"어차피 그래 봐야 고객은 알지도 못하는데 왜 그렇게까지 해요?"

그 물음에 나는 이렇게 답했다.

"고객은 몰라도 나는 알지 않습니까. 아무도 안 본다고 해서 최선을 다하지 않는다면 스스로를 저버리는 셈이고, 나를 믿는 고객의 신뢰를 저버리는 셈입니다."

누군가는 완벽주의라고도 하지만, 나는 그저 기본을 지키는 것으로 생각한다. 청소 일을 할 때였다. 처음에는 손에 익지 않아서 종일 쓸고 닦아도 뭔가 좀 미진한 면이 있었다. 그러다가 점점 일이 익숙해지면서, 나는 아무도 보지 않아도 내 집을 치운다는 생각으로 성실하게 했다. 우리 가족의 생계를 책임지는 수단이자 고마운 일자리였기 때문에 너무나도 소중했다. 그래서 요령을 피울 생각조차 할 수 없었다. 스스로 만족할 정도로 깨끗하게 해야만 일을 한 것 같았다. 나만의 원칙과 순서를 정해놓고 천장이나 가스관 등 쉽게 지나칠 수 있는 곳, 눈에 보이지 않는 곳까지 쓸고 닦았다. 내 구역만큼은 완벽하게 관리하겠다는 마음이었다.

당시에 나처럼 영어로 소통하는 것도 힘든 동양인이 할 수 있는 일은 많지 않았고, 그 몇 안 되는 일거리 중 하나인 청소업은 그래서 경쟁이 제법 심했다. 그럼에도 나는 하루에 세 군데에서 일할 수 있었다. 그 이유가 바로 이런 마음가짐 덕분이었다고 믿는다. 실제로 내가 그 일을 그만두게 됐을 때, 청소 회사에서는 무척 아쉬워하면서 나 같은 한국 사람을 후임자로 구해줄 수 없겠느냐는 부탁을 받기도 했다. 한국인은 성실하다는 이미지를 심어준 것 같아서 뿌듯하기도 했다.

이처럼 무슨 일을 하던 스스로 부끄러움이 없도록 해야 한다. '아무도 안 보니까 괜찮겠지'라는 안일한 생각 대신 '나 자신이 보고 있으니 고객과의 신뢰를 지켜야 한다'는 작은 차이가 큰 결과 차이로 이어진다. 만약 처음 매장을 인수한 후에 청소나 진열 같은 사소한 부분을 무시했더라면, 옥수숫가루가 섞인 로열젤리를 값이 싸다는 이유만으로 계속 팔았더라면, 중국까지 가서 로열젤리 생산지를 직접 내 눈으로 보고 결정하지 않았더라면, 신뢰를 바탕으로 중국 공급자에게 최고 품질의 제품을 공급받지 못했더라면, 지금도 사람들이 로열젤리를 신뢰하고 먹을 수 있을까? 나는 단연코 '아니'라고 생각한다.

그 외에도 수많은 결정 중 어느 하나라도 잘못 판단했더라면, 지금의 레이델은 없었을 것이다. 결국, 레이델은 신뢰를 바탕으로 만들어진 회사다. 어디에서 무슨 일을 하건, 이는 모든 사업과 사회생활, 인간관계의 기본임을 기억해야 한다.

# 3장

어디든 기회의 땅이 될 수 있다

세상은 넓다. 그만큼 기회도 많다. 그 기회의 땅이 어디가 될지는 부딪혀 보기 전에는 알 수 없다. 미국을 비롯한 선진국도, 개발이 필요한 아프리카도 모두 기회의 땅이 될 수 있다. 누군가에게는 다시는 없을 기회의 땅도 다른 누군가에게는 차별과 현실의 벽에 막힌 곳이 될지도 모른다. 반대로 누군가에게는 척박하기만 한 곳도 다른 사람에게는 인생을 바꾸는 큰 기회의 땅이 되기도 한다. 어디에서 어떤 사업을 하는지도 중요하지만, 누가, 어떻게 하는지가 더 중요할 수도 있다. 나는 모두가 절대로 좋은 비즈니스 파트너가 될 수 없다고 말하던 쿠바에서 큰 기회를 잡았다. 어떻게 쿠바를 기회의 땅으로 만들었는지를 지금부터 이야기해보려 한다.

# 또 한 번의 기회,
# '쿠바의 파란 약'

기회는 평범한 얼굴로 다가오기 때문에 이를 잘 알아보고 잡는 것이 중요하다고 이미 말했다. 돌이켜보면 내 삶에도 여러 번의 기회가 그런 평범한 얼굴로 다가왔다. 미군 부대 사무관님이 지나가듯 던진 한마디에 뒤늦게나마 중학교를 간 것도, 사우디아라비아에 자처해서 간 것도, 호주로 넘어온 것도, 청소 일을 시작한 것도, 건강기능식품을 인수한 것도 모두 그랬다. 당시에는 특별해 보이지 않았으나, 나는 고심 끝에 그 기회들을 붙잡았다. 운이 좋기도 했지만, 무엇보다도 '나에게 최선의 선택은 무엇인가'를 끊임없이 고민했기 때문이다. 주위의 만류에도 불구하고 쿠바를 방문한 것도 그 결과였다.

## 신뢰의 힘

사업을 막 확장하고 있던 시기, 한국에서 형수님에게 연락이 왔다. 형이 콜레스테롤 수치가 높아 지방간이 생겨서 건강이 안 좋아졌다는 것이었다. 당시 나 역시 고혈압이 있던 터라 여러모로 걱정이 됐다. 그러나 지금처럼 인터넷이 발달한 시기도 아니었으니 여기저기 물어서 수소문할 수밖에 없었고 원하는 답도 듣지 못했다. 그때, 한국 공기업인 코트라(대한무역투자진흥공사)에 근무하던 직원 한 분이 쿠바를 방문한 적이 있었는데 콜레스테롤에 좋은 약을 사려고 사람들이 길게 줄을 서 있었다며 자신의 경험담을 들려주었다. 1996년 당시 건강식품 사업은 소위 잘나가고 있었지만, 나는 콜레스테롤에 대한 지식도 없었고 쿠바의 제품이 아무리 좋다고 하더라도 의약품이어서 우리 회사에서 취급할 수 있는 제품도 아니라고 판단했다. 그래서 계속 자연 유래 제품 중에 지방간과 혈압에 좋은 것을 찾으려고 노력했다. 그러다가 나에게 로열젤리를 공급하는 중국인 파트너에게 또다시 쿠바 이야기를 듣게 되었다.

"지방간은 내가 좀 알죠. 우리 부모님도 지방간으로 고생하셨거든요. 이것저것 다 해봐도 소용없었는데, 이름은 잘 모르겠지만 '쿠바의 파란 약'을 드시고 아주 좋아지셨어요."

그 말을 듣고 나는 귀가 번쩍 뜨였다. 형님의 건강을 호전시킬 수 있다는 기대감이 가장 컸고, 한편으로는 사업가로서의 본능이 고개를 든 것이다. '쿠바의 파란 약? 그게 뭐지? 효과가 있다면 쿠바든 어디든 가봐야지. 그리고 정말 효과가 좋다면 수입해서 팔아보자. 지방간으로 고생하는 많은 사람에게 도움이 될 테니까!'

나는 중국 파트너에게 물어 그의 부모님을 만나보기로 했다. 두 분은 멕시코 중국 대사관에서 일하고 있었다. 나를 환대해준 그들은 곧장 궁금증을 해소해주었다. 알고 보니 '파란 약'이라고 불리는 PPG는 쿠바의 사탕수수 알코올 왁스 성분으로 만든 약이었다. 두 분은 약을 보여주며 그 효능을 설명하더니 형님도 효과를 볼 거라며 강력히 추천했다. 그러나 약을 구하기는 쉽지 않았다. 더구나 나는, 형님만이 아니라 지방간으로 고생하는 수많은 사람을 위해서라도 그 약을 수입할 생각이었기에 제조사를 찾아봤다. '쿠바의 파란 약'이니 당연한 이야기지만, 쿠바에서 만들고 있었다. 다만 사기업이 아니라 쿠바국립과학연구소(CNIC: 쿠바의 국립생물약품공사인 바이오쿠바파마$^{BioCubaFarma}$ 산하의 핵심 연구기관으로, 주로 천연 바이오 물질의 개발과 연구에 주력하고 있다.)가 직접 생산부터 판매까지 독점하는 상황이었다. 사회주의 국가라면 당연한 일이라는 생각이 들었다. 나는 좀 더 전문적인 이야기를 듣고 싶어 쿠바에 중국 대사관이 있느냐고 물었더니 중국 영사관이 있다고 했다. 그리고 친구의 부모님은 중국 쿠바 영사관에 나를 소개하는 편지를 써 주셨다.

소개장을 받아들고 1997년 10월 처음으로 쿠바를 방문했다. 쿠바에 도착하여 쿠바국립과학연구소에 전화를 걸었다. 내 소개와 상황 설명을 간략히 마치고 용건을 꺼냈다. 가능하면 소장님을 만나서 쿠바의 파란 약에 관해 자세한 설명을 듣고 싶다며 미팅을 요청했다.


"소장님이 바쁘셔서 당장은 만나기 어렵습니다. 만나시려면 한 달은 기다려야 할 거예요."

"제가 그렇게 오래 기다릴 수는 없는데, 조금 더 빨리 뵐 수는 없을까요?

"급한 거면 수출 담당자는 바로 만나보실 수 있을 것 같은데, 어떠세요?"

중요한 결단은 어차피 사장 몫이니 수출 담당자를 만나봐야 기다려야 하는 건 똑같을 터였다. 전화를 끊고, 쿠바에 있는 중국 영사관을 찾아가 소개장을 보여드리고 도움을 청했다. 그랬더니 다행히 다음 날로 약속이 잡혔다.

## 익숙하면서도 생소한 나라, 쿠바

흔히 '파란 약'이라고 불리던 PPG의 정확한 이름은 폴리코사놀<sup>policosanol</sup>이었다. 쿠바국립과학연구소의 소장 칼로스 박사와 이야기를 나눠보니 폴리코사놀은 지방간뿐만 아니라 콜레스테롤 개선에도 좋은 약이었다. 쿠바는 미국의 경제 봉쇄와 의약품 매매 금지 정책 때문에 국가적으로 약학 분야에서 자생력을 키워온 나라였다. 제한적인 조건 속에서 살아남으려다 보니 역설적으로 의학 경쟁력이 높아진 것이다. 이렇게 기반이 탄탄한 나라에서 만든 약이니 믿을 수 있겠다는 생각이 들었다. 호주에서도 수입 가능한지를 알아본 후, 판매를 추진해도 될지 의견을 교환하고 돌아왔다.

호주로 돌아오자마자 가장 먼저 시장조사부터 시작했다. 발품을 팔

US$ 25

US$ 90

결론: 판매 불가

스타틴 30정
Statin

폴리코사놀 30정
Policosanol

스타틴과 폴리코사놀의 시장 조사 결과

아 수많은 약국을 돌아다녔다. 그러나 안타깝게도 이번 역시 내가 기대한 대로 순탄하게 흘러가지만은 않았다. 알아보니 고지혈증에 가장 흔히 복용하는 스타틴$^{statin}$ 계열의 약이 있었다. 당시 호주에서는 의사 처방을 받으면 25달러에 스타틴 원료의 약을 살 수 있었다. 문제는 쿠바에서 나에게 제시한 폴리코사놀 수출 가격이 18달러였다는 것이다. 도매상과 소매점이 가져갈 돈을 포함해 여러 비용, 판매 · 관리비에 세금까지 고려하면 적어도 80~90달러에는 팔아야 했다. 수지가 안 맞아도 너무 안 맞았다.

멕시코와 쿠바까지 가서 모처럼 좋은 제품을 발견했는데 다 허사가 되는 건가 형에게 이미 쿠바의 파란 약은 보내드렸으니 그것으로 만족해야 하나…. 복잡한 마음으로 약국을 나서려는데 좀처럼 걸음이 떨어지지 않았다. 머리는 포기해야 한다고 말하는데 가슴에서는 무언가가

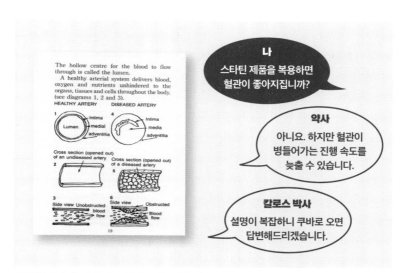

약국 책자 속에 나와 있는 콜레스테롤과 혈관 건강에 관한 그림과 설명

나를 붙잡았다. 그때, 약국 계산대 아래에 놓인 책자가 눈길을 끌었다. 분홍색의 조그만 책자였다. 궁금하여 살펴보니 콜레스테롤과 혈관 건강에 대한 내용이 담겨 있었다. 책자를 훑어보던 나는 흥미로운 그림 하나를 발견했다. 그 그림이 인생의 새로운 전환점이 될 것임을 그때는 알지 못했다. 나는 들고 있던 분홍색 책자를 가리키며 약사에게 물었다.

"스타틴을 먹으면 병든 혈관이 좋아집니까? 죽상 동맥경화증이 개선될 수 있나요?"

"아뇨. 병든 혈관은 절대 좋아질 수가 없어요. 다만 병들어가는 속도는 늦출 수 있지요. 혈관이 좋아지는 약이 있다면 아마 난리가 날 겁니다."

그 말이 나의 가슴에 꽂혔다. 분명 쿠바국립과학연구소에서는 폴리코사놀이 콜레스테롤 개선에 좋다고 했다. 내 생각에는 콜레스테롤이 개선되면 병든 혈관도 좋아질 수 있을 것 같았다. 안타깝게도 그때는 지방간 관련한 효능에 대해 집중해서 얘기를 듣느라 다른 건 제대로 물어보지 못했다. 집으로 돌아온 나는 곧장 쿠바국립과학연구소에 전화를 걸었다. 온종일 몇 번이나 시도한 끝에 겨우 연락이 닿았다.

"폴리코사놀을 복용하면 정말 혈관이 좋아집니까?"

나는 단도직입적으로 물었다. 그런데 내 영어 실력이 부족해서인지 아니면 무슨 비밀이 있는 것인지, 전화로는 설명할 수 없으니 직접 와서 들으라고 했다. 쿠바에 다녀온 지 한 달밖에 안 됐는데 다시 오라니, 조금 망설여졌다. 비행시간만 꼬박 24시간, 쿠바에 도착까지 48시간이나 걸리는 거리를 다시 가야 한다는 게 쉬운 결정은 아니었다. 잠시 고민에 빠졌다. 무엇이 나에게 최선일까? 몇 가지 경우가 나왔다.

첫째, 가지 않았는데 폴리코사놀이 혈관 질환 예방과 개선에 효과가 없는 경우.

둘째, 가지 않았는데 폴리코사놀이 정말 혈관 질환 예방과 개선에 있는 경우.

셋째, 다시 갔는데 폴리코사놀이 혈관 질환 예방과 개선에 효과가 없는 경우.

넷째, 다시 갔는데 폴리코사놀이 정말 혈관 질환 예방과 개선에 효과적인 경우.

첫 번째는 쿠바를 왕복하는 시간과 비용을 아낀다는 것 외에 이득도, 손해도 없다. 두 번째 경우, 나는 큰 기회를 놓치는 셈이다. 세 번째라면 왕복하는 시간과 비용을 버리게 되지만, 궁금증은 해소할 수 있다. 그리 나쁘지 않다. 네 번째 경우는 큰 기회가 될 테니 말할 것도 없이 최고의 수가 된다. 즉, 폴리코사놀이 그런 효과가 있건 없건, 가지 않을 경우는 별다른 이득이 없는 대신 큰 손해가 될 수 있는 반면, 간다면 별다른 손해 없이 큰 기회를 잡을 수도 있다. 답은 나왔다. 가는 것이 나에게 최고의 선택, 베스트 옵션이다. 생각해보면 중국에 갈 때도 이런 식이었다. 그때 결과가 얼마나 좋았던가! 더욱이 오라는 데에는 이유가 있을 거라는 생각이 들었다. 1997년 11월, 나는 한 달 만에 다시 쿠바로 갔다. 물론 이번에도 꼬박 이틀이 걸렸다.

# 쿠바와의
# 첫 만남

쿠바행 비행기를 타면서 불안과 피로에 지쳐 이미 녹초가 된 상태였다. 약속을 하고 가는 것이지만 미팅은 하루였고, 비행기 일정 때문에 그곳에 며칠 더 머물러야 했다. 이번에는 또 어떻게 견디나 걱정하며 아바나 공항에서 택시를 탔다.

"올라~!"

햇볕에 그을린 갈색 피부의 택시 기사는 내게 밝은 목소리로 인사를 건넸다. 그는 줄곧 미소를 잃지 않았다. 손가락을 까딱거리며 콧노래를 흥얼거리는 모습을 보니 운전을 즐거움으로 삼은 듯했다. 차창 안으로 들어오는 시원한 바람을 맞으며 그의 콧노래를 듣고 있다 보니 조금씩 동화되기 시작했다.

호텔에 도착해 체크인을 마친 후 방에 올라가 조금 쉬었다. 씻으려고 하는데 물이 나오지 않았다. 프런트에 내려가 말하자 직원이 따라 올라왔다. 수도꼭지를 이리저리 살펴보고 돌려도 보더니 걱정하지 말라며 곧 고쳐주겠다고 말했다. 그가 나간 후 1시간 정도가 흘렀다. 왜 이렇게 안 오나 싶어서 다시 내려갔더니 그는 웃으며 지금 열심히 고치고 있으니 기다려보라고 한다. 기다리다 지친 나는 그대로 잠들었다. 다음 날 아침에 일어나 수도꼭지를 틀었다. 그런데 아직도 물이 나올 기미조차 없었다. 프런트에 가서 호텔 직원에게 다시 물었더니 오래된 펌프의 부속품이 망가져 부품을 해외에 주문했으니 미안하지만 그때까지 본인들이 물을 배달해주겠다는 것이 아닌가. 나는 할 말을 잃었다. 그러나 미소를 잃지 않고 미안한 마음으로 이야기하는 호텔 직원에게 화를 낼 수도 없었다. 미소! 미안한 마음! 이것이 나의 화난 마음을 누그러뜨리고 있었다.

## 욕심을 포기한 사람들

다음 날 미팅을 마친 후 공항에서 처음 만났던 택시 기사를 다시 만나 관광 안내를 부탁했다. 그는 비날레스라는 지역에 데려가줬는데 자연이 너무 아름다워서 무릉도원이 따로 없었다. 그곳의 동네를 지나다가 문이 열려 있는 집을 보게 되었다. 쿠바의 가정집은 어떤가 싶어서 문밖에 나와 앉아 있는 노인에게 집 구경을 해도 되냐고 물었다. 노인은 허허실실 웃으며 고개를 끄덕였다. 집으로 들어갔는데 세간살이가 간단하다 못해 거의 없다시피 했다. 노인이 입고 있던 바지의 허리춤은 고무줄이 아닌 철삿줄로 허술하게 매듭지어져 있었다. 정말 아무것도 없이 가난하구나 싶어서 집 구경을 한 답례로 주머니에서 100달러를 꺼내 노인에게 내밀었다. 노인은 나를 보며 돈을 받을 생각은 않고 눈만 끔벅거렸다. 영문을 몰라 당황하는 내게 택시 기사가 말했다.

"이 사람은 돈을 줘도 잘 몰라요."

아니, 아무리 사회주의 국가라지만 돈을 모를 수가 있나? 나 또한 가난한 시절을 겪었지만 나와 내 주위 사람 그 누구도 노인처럼 해탈

한 얼굴을 한 이를 본 적은 없었다. 가진 것이 없기 때문에 체념한 게 아니라, 아무것도 없어도 상관없다는 느낌에 더 가까웠다. 노인은 그저 다시 문밖의 의자에 앉아 어디선가 들려오는 음악 소리에 맞춰 웃음 띤 얼굴로 고개를 가볍게 흔들 뿐이었다. 그 집을 나온 후 택시 기사는 이 동네에서 유명한 곳이라며 어느 클럽으로 나를 이끌었다. 입구에 들어서기도 전부터 경쾌한 음악 소리가 들렸다. 사람들이 음악의 리듬에 맞춰 손뼉을 치고 있어서 그런지 클럽 안의 분위기는 후끈 달아올라 있었다. 무대와 관객석의 경계가 없다시피 할 정도로 사람들은 한데 어울리고 있었다. 기타와 퍼커션을 치고 노래하는 이들은 모두 나이가 지긋한 노인들이었다. 조명에 땀방울이 빛날 정도로 열심히 연주하고 있는 이들의 얼굴은 진지하면서도 꽤 즐거워 보였다. 그들은 나보다 연배가 훨씬 높아 보였다. 그래서 은퇴 후 여가를 즐기는 줄 알았다. 그런데 택시 기사를 통해 지금 하고 있는 이 일이 그들의 직업이라는 것을 알게 되었다. 많은 돈을 버는 것도 아니었다. 그런데도 그들의 얼굴은 모두 해맑아 보였다. 마치 욕심을 포기한 사람처럼 보였다. 어느 순간부터인가 열정의 소용돌이에 휩싸이면서 나 역시 클럽 안의 다른 사람들처럼 음악에 따라 고개를 까딱이고 발장단을 맞추게 되었다. 이렇게 신나고 건강하게 살 수 있다는 것은 참 좋은 거구나. 음악을 연주하는 이들도 그걸 듣고 즐기는 이들도 똑같이 행복해 보였다. 그걸 보며 쿠바 사람들은 자신이 추구하는 삶에 충실한 이들이 아닐까 하는 생각이 들었다. 이렇게 행복하게 사는 사람들이 더욱 많아지면 좋겠다고 생각했다.

숙소에 돌아왔을 때 직원이 미소를 머금은 익숙한 얼굴로 나를 맞아주었다. 생각해보면 그는 나의 요청 사항을 방치하고 있는 게 아니라, 상황의 한계 때문에 어쩌지 못하고 있을 뿐이었다. 불편하다는 이유로 나는 조급해하며 나름대로 최선을 다하고 있는 그의 진심을 외면하고 있었다. 나는 전과 달리 그에게 밝게 웃으며 고맙다고 말했다. 그의 얼굴이 조금 더 편안해 보였던 것은 기분 탓이었는지도 모르겠다. 나도 모르는 사이에 쿠바의 공기와 사람들이 나의 스트레스 지수를 낮추고 있었다. 호주로 돌아갈 즈음이 되자, 나는 쿠바에 처음 왔을 때와는 달리 편안하고 여유로운 마음이 되어 있었다. 물질적으로나 심적으로나 내게 많은 것을 내어준 쿠바에 나도 언젠가 기회가 된다면 받은 만큼 베풀고 싶다고 생각했다.

## HDL을 높이는 쿠바 폴리코사놀,
## 혈관 건강의 답을 찾았다

다시 찾아간 쿠바국립과학연구소에서 내 삶을 바꾼 또 한 사람을 만났다. 닥터 로사였다. 국립과학연구소와 폴리코사놀 공장을 진두지휘하는 사람이었는데, 딱 봐도 범접하기 힘든 천재의 아우라가 뿜어져 나왔다. 폴리코사놀을 발견한 사람은 아니지만, 효능과 안전성을 과학적으로 증명한 사람이었다. 알고 보니 쿠바에서 최연소로 대학에 입학하고, 쿠바 총리 피델 카스트로와 직접 독대하여 자기주장을 펼칠 정도로 권위가 대단한 사람이었다.

닥터 로사는 스타틴 계열의 다른 약들과 폴리코사놀의 차이를 설명해주었다. 지난번 칼로스 박사에게 듣긴 했지만, 닥터 로사는 논문들을 직접 보여주며 설명했다. 원숭이를 이용한 동물실험 결과 쿠바산 폴리코사놀은 HDL수치를 올려주어 혈관 플라크(혈관 여드름) 속에 쌓여 있는 콜레스테롤을 제거해 혈관 병변의 크기를 줄이고 동맥경화를 예방할 뿐만 아니라, 혈관 내경을 넓혀 혈액이 잘 순환되도록 도와준다고 했다. 그리고 특히 혈관 플라크가 터지지 않도록 해준다고도 설명해주었다.

원숭이를 대상으로 한 동물실험 결과 쿠바 폴리코사놀이 HDL을 높여 혈관 플라크에 쌓여 있는 콜레스테롤을 제거하여 동맥경화증을 개선시켰다는 내용의 논문

"심봤다, HDL!"

혈관을 넓혀주고 혈관을 건강하게 하는 그런 비밀이 있다고? HDL

이란 나에게 무척이나 낯선 단어였지만, 혈관이 좋아질 수 있다는 확신에 찬 설명과 과학적인 데이터에 나는 완전히 매료되고 말았다. 눈을 반짝이며 HDL에 대해 꼬치꼬치 묻는 나에게 쿠바 전문가들은 HDL의 놀라운 비밀에 대해 자세히 설명해주었다.

## 혈관에서 콜레스테롤 뽑아내는 HDL

콜레스테롤은 세포막을 구성하는 주요 성분이면서 호르몬 생성을 위해서는 없어서는 안 되는 필수 성분이다. 그런데, 혈관 속에 콜레스테롤이 너무 많아지면 혈관에 쌓여 혈관이 좁아지고 심혈관질환으로 이어지기 때문에 위험해진다. 콜레스테롤이 혈관에 쌓이지 않도록 몸 밖으로 배출하는 역할을 하는 것이 바로 HDL이다. LDL과 HDL은 콜레스테롤을 실어 나르는 운반체의 이름인데, LDL은 콜레스테롤을 필요한 각 세포와 조직에 실어 나르는 역할을 하고, HDL은 혈관 속에 남아도는 콜레스테롤이나 혈관 플라크(혈관 여드름)에 쌓여 있는 콜레스테롤을 다시 간으로 되돌려 보내거나 몸 밖으로 배출한다. 그래서 HDL은 일명 '콜레스테롤 청소부'라고 불리기도 한다. 문제는 성장기

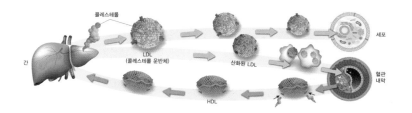

LDL이 산화되면 혈관 내막에 콜레스테롤이 쌓이는 원인이 되고, HDL은 혈관 내막에 쌓인 콜레스테롤을 제거한다.

를 지나 20대가 되면서부터 HDL의 수치가 감소하게 되고 혈관 속 콜레스테롤이 제대로 제거되지 못하면서 혈관이 좁아지고 혈압이 높아지는 주요 원인이 된다는 것이었다. 그런데, 쿠바산 폴리코사놀이 혈관 막힘의 주범인 LDL은 낮추고 혈관을 청소해주는 HDL은 높여 심혈관질환 예방에 도움을 줄 수 있다는 것이다.

　세계에서 가장 많이 팔리는 콜레스테롤 저하제는 스타틴이다. 그런데, 쿠바국립과학연구소에서 내게 보여준 연구 결과는 정말 놀라움 그 자체였다. 스타틴은 LDL콜레스테롤과 중성지방만 낮출 수 있지만, 폴리코사놀은 LDL을 낮추는 것은 동시에 HDL을 높일 수 있다는 것이다.

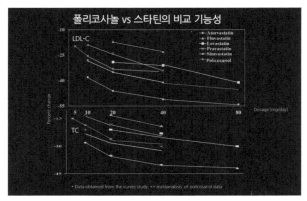

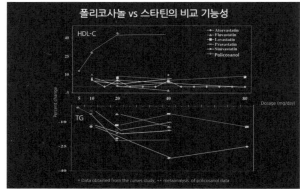

폴리코사놀과 스타틴의 효과 비교

　　더욱 놀라웠던 것은 스타틴은 화학성분의 약물이기 때문에 코엔자임Q10이 감소하고, 위장 증상과 근육통 등의 부작용이 있을 수 있었다. 하지만 쿠바 폴리코사놀은 사탕수수에서 추출 정제한 자연 유래 성분이기 때문에 그동안 특별한 부작용이 보고된 바가 없다는 점이었다. 쿠바의 대표 작물인 사탕수수의 잎과 줄기를 이루고 있는 왁스 층에서 8가지 고지방족 알코올을 특정한 비율로 추출 정제해 사탕수수 100톤에서 단 2.5kg만 소량 생산되는 원료가 바로 폴리코사놀이었다. 쿠바국립과학연구소는 폴리코사놀 발명으로 인해 1996년 세계지식재산권기구$^{WIPO}$ 발명 금상을 수상하기도 했다.

나는 호주에서 17,000km 떨어진 카리브해의 작은 섬나라 쿠바에서, 내 평생의 가장 큰 숙제이자 선물인 '폴리코사놀'을 얻었다. 사실 폴리코사놀은 자연이 인류에게 준 엄청난 건강 선물이다. 왜냐하면 자연에서 얻은 폴리코사놀이라는 원료를 통해 혈관 건강을 개선시켜 죽상 동맥경화증을 개선시킬 수 있다면, 지금도 수많은 사람들의 목숨을 앗아가고 있는 세계 1위의 사망 원인인 심뇌혈관질환을 예방하고 만성질병이나 죽음으로부터 많은 생명을 구할 수 있기 때문이다. 고혈압으로 시작해서 뇌졸중, 치매, 협심증, 심근 경색, 말초 혈관 질환 등을 예방할 수 있다면 개인들의 고통은 물론이고 사회적 비용도 줄여 그야말로 삶의 질을 높일 수 있을 거라는 생각이 들었다. 게다가 부작용도 없다니, 이 얼마나 꿈같은 일인가! 그렇다면 가격이 문제가 아니라는

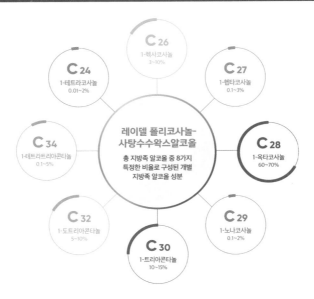

생각이 들었다. 사람들이 보다 건강하고 행복하게 살 수 있도록 세상에 이바지한다는 나의 취지와도 딱 들어맞았다. 사업적으로 보더라도 초반에 투자와 마케팅이 필요하니 한동안은 손해를 보겠지만, 효능을 제대로 알릴 수만 있다면 길게 봤을 때 무조건 남는 장사였다. 이번에도 무엇이 최선의 선택일지를 고민한 끝에 폴리코사놀 수입을 결심했다.

# 의료 천국,
# 바이오 강국 쿠바

쿠바는 오랜 미국의 경제 봉쇄 조치로 인해 생필품에서 의약품까지 어느 것 하나 풍부하지 않은 가난한 나라다. 그런데 아이러니하게도 '의료 천국'이라는 특별한 별명을 갖고 있다. 요람에서 무덤까지, 모든 쿠바인은 태어나서 죽을 때까지 무료 의료 혜택을 누릴 수 있고, 인구 천 명당 의사 수가 8.4명으로 세계 1위를 기록하는 등 우수한 품질의 의료 및 보건 서비스 체계를 가졌기 때문이다. 참고로 우리나라는 인구 천 명당 의사 수는 2.6명이다. 이런 의료 시스템 덕분일까? 쿠바를 다니면서 내가 만난 노인들은 젊은이 못지않은 에너지로 어디서든 음악을 연주하고 춤을 추며 건강한 모습이었다. 한때 쿠바에서는 120

세 클럽을 운영했을 정도로 100세 장수인들이 많았다고 한다. 오죽하면 쿠바를 '100세 청년의 나라'라고 부르기도 했을까.

쿠바의 공산혁명이 성공한 1959년 이후, 미국을 비롯한 서방 국가들의 경제 봉쇄 조치가 시작됐고, 거의 전적으로 의존해왔던 의약품의 수입이 완전히 중단되었다. 쿠바 정부는 자구책으로 1970년대부터 생명공학 강국을 목표로 유럽 등지에 과학자들을 파견하는 등 자체 연구 역량을 키웠다. 전화위복이 된 것일까. 현재 쿠바는 바이오쿠바파마를 통해 전염병 예방 백신 암 치료용 바이오 의약품, 심혈관질환 및 당뇨병성 족부궤양 치료제 등을 전 세계 60여 개국에 수출하고 있으며, 전 세계 2640건의 특허를 등록해 광범위한 포트폴리오를 보유하고 있다. 그뿐만 아니라, 쿠바는 압달라[Abdala]를 포함한 5종의 자체 코로나19 백신 개발에도 성공했다.

사실, 폴리코사놀의 개발도 쿠바의 생존을 위한 선택 중 하나였다. 미국이나 독일 등에서 수입되던 약품들의 공급이 끊기자 심혈관질환 예방을 위한 약물을 쿠바에서 찾을 수 있는 천연 원료로 어떻게 해서든 개발해야겠다는 목표가 섰고, 그 1차 대상이 된 것이 쿠바의 대표 작물인 사탕수수였다. 다행히 쿠바국립과학연구소에서 폴리코사놀 개발에 성공했고, 쿠바 정부는 1991년부터 심혈관질환 고위험군과 65

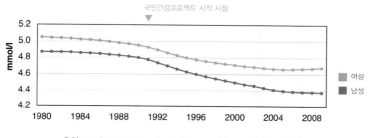

**쿠바인의 콜레스테롤 수치 변화**

국민건강프로젝트 시작 시점

여성
남성

출처: WHO, Noncommunicable Diseases Country Profiles 2011

세 이상 노인, 군인들을 대상으로 폴리코사놀을 무상으로 공급했다. 그런데, 놀랍게도 국민들의 콜레스테롤 수치가 드라마틱하게 낮아졌다. 그 무렵 오히려 콜레스테롤 수치 상승으로 골머리를 앓기 시작한 서방국가들과는 완전히 다른 상황이었다. 콜레스테롤 수치가 낮아지면서 쿠바인들의 목숨을 위협했던 심근경색 사망률도 드라마틱하게 낮아지기 시작했다. 결핍이 오히려 놀라운 세계적 발명품을 만들어낸 셈이다.

# 회사에 찾아온
# 위기

1987년부터 한국에서 호주로 오는 직항도 생기고, 이민 인구도 늘어나기 시작했다. 특히 1992년 초부터 한국 관광객이 물밀듯이 몰려왔다. 호주에는 특별히 살 만한 기념품이 없었기 때문에 그들에게는 건강기능식품이 구매 1순위로 손꼽혔다. 한국 관광객이 왔다하면 싹쓸이 해간다고 해도 과언이 아니었다. 덕분에 내 사업도 호황을 누리면서 직원을 고용해야 할 만큼 상승 기류를 타게 되었다. 1994년에는 공장을 설립하고, 지점을 확장하면서 사업이 날로 번창했다.

## 모든 것이 순조로웠던 그때

　미군 부대에서 급사로 일할 때 '우리나라도 잘살았다면 나도 공부하고 미군들처럼 맛있는 음식과 옷을 입으며 좋은 차를 타고 자유로운 삶을 살았을 텐데' 하는 마음이 늘 있었다. 그들은 나에게는 엄청 고마운 분들이었다. 나는 그들처럼 잘살고 싶은 마음이 생겼다. 그들과 같이 잘살려면 나라가 잘살아야 한다는 생각을 가졌다. 결핍은 내 성장의 동력이었다. 그저 잘살고 싶었던 꼬맹이는 1997년에 이르러 호주에 매장을 4개나 가지고 있고, 학력 좋은 회계사를 3명까지 두는 사업가가 되었다. 처음 호주에 왔을 때 '웰컴 투 재패니즈. 겟 아웃 코리아.'라고 써진 벽보를 본 적이 있었다. 일본 사람들은 부자여서 호주인에게 도움을 주는데 한국 사람들은 가난해서 일자리를 뺏는다는 터무니없는 인식들이 있었던 모양이다. 1988년 초 한국에 간다고 하니 한국은 전쟁이 날 수 있으니, 총을 빌려주겠다는 호주인도 있었을 정도였다. 그러다가 88 서울 올림픽이 개최되면서 가난하게 여겼던 한국에 대한 인식이 바뀌기 시작했다. 한국이 그렇게 잘사는 나라인 줄 몰랐다며 놀라워하는 사람들도 적지 않았다. 한국이라는 나라의 위상도 달라진 것이다. 모든 것이 순조롭게 흘러갔다. 이 상태로 1년만 더 하면 사업이 궤도에 오르고 안정될 거로 생각했다. 마침, 우리 회사의 두 번째 주력 상품이 될 폴리코사놀도 쿠바에서 독점으로 수입 계약을 마치고 돌아오는 길이었다. 내년 이때쯤이면 참 여유로워지겠다고 생각하던 1997년 11월이었다.

## 하루아침에 덮친 위기의 쓰나미

쿠바에서 돌아온 후 믿을 수 없는 일이 일어났다. 몇 십 명에서 많게는 100여 명까지도 오던 한국 관광객이 하루아침에 사라졌다. 매출이 곤두박질쳤을 뿐만 아니라 거래처도 하나둘씩 연락이 끊기기 시작했다. 갑자기 무슨 일이지? 왜들 이러는 거지? 알고 보니 아시아 금융 위기의 여파 때문이었다. 외환 위기로 인해 한국이 IMF에 구제 금융을 신청하면서 국가적으로 큰 타격을 받게 된 것이었다. 이름만 들으면 알만한 기업의 부도, 파산, 대량 실직, 이런 소식들을 접하면서 그 파도가 여기까지 밀려오는 것이 느껴졌다. 이런 사태가 생길 줄은 당연히 몰랐기 때문에 마지막이라고 생각하고 회사에 돈을 들여 투자까지 해놓은 참이었다. 내가 선금이나 외상으로 줘서 여기저기에서 받을 돈이 150만 달러였는데 다들 하나같이 미안하지만, 어렵겠다는 말로 대신했다. 어떤 사람은 잠적하거나 연락이 두절되기도 했다. 그런 연락들이 쌓이면서 모든 사람이 같은 상황이다 보니 받을 길이 요원하겠다는 생각이 들었다. 당분간 미루는 게 아니라 아예 못 받겠구나 싶었다. 매월 3만 달러 이상 흑자였던 회사의 상황이 한순간에 적자 6만 달러로 바뀌어버렸다.


## 창문이 나을까 난간이 나을까

내가 갚아야 할 돈도 50만 달러가 있었다. 날마다 채권자들로부터 언제 갚을 거냐! 어떻게 되고 있냐! 묻는 전화가 빗발쳤다. 나도 갚기 싫어서 안 갚는 게 아닌데 변명도 하루이틀이지 그들에게는 먹히지 않았다. 때로는 전화를 피하기도 하고, 그러다가 다시 사정을 해보기도 했다. 받을 돈을 못 받은 상황에서 돈을 갚으라는 재촉을 매일 받으니 미칠 것 같은 나날이 이어졌다. 한국에서 경제 위기 때문에 자살하는 사람이 늘고 있다는 소식을 들으면서 그들의 심정이 어땠을지 짐작이 되었다. 내가 잘못한 것도 아닌데 이런 상황에 내몰리게 된 것이 억울

했고, 돈 때문에 매일 압박감에 시달리며 잠을 설쳤다.

그 당시 살고 있던 집이 이층집이었는데 밤마다 이층 난간에 기대서 나도 모르게 이런 생각에 잠겼다. 창문으로 뛰어내리는 게 나을까? 아니면 이 난간에 목을 매는 게 더 빠를까? 옆에 내가 없는 걸 알고 잠에서 깬 아내가 나를 불렀다.

"여보, 무슨 생각을 그렇게 해요?"

그제야 조금 전까지 어떻게 하면 편안하게 죽을 수 있을지 고민하던 나 자신을 깨닫고 흠칫 놀랐다. 아내 덕분에 이 나라로 오게 되었고, 사업도 할 수 있었는데, 나만 믿고 있는 사람인데, 내가 죽으면 충격 받고 슬퍼하겠지. 내가 이런 생각을 하는 걸 알면 얼마나 속상해할까? 수심 가득한 얼굴로 나를 걱정하는 아내를 보며 어리석은 생각에 빠졌던 것을 차마 말할 수 없었다. 고개를 저으며 그 생각만은 하지 말자고 마음을 바꿨다.

## 어떻게든 방법을 찾아야 한다

어디선가 돈을 빌리려고 해도 빌려주는 곳이 없었다. 은행 같은 기관은 물론이고, 나에게 한창 잘 나갈 때 돈이 많다고 그렇게 자랑했던 사람들은 다들 어디 갔는지 코빼기도 보이지 않았다. 지속적으로 물건을 들여놔야 팔아서 돈을 마련할 텐데 정작 물건 들여놓을 돈이 없으니, 판매도 어려운 상황이었다. 진퇴양난의 상황 속에서 나에게 돈을 못 갚은 사람들처럼 외면할까도 생각해봤다. 하지만 그러자니 앞으로 회사를 유지하기가 어려울 것 같았다. 돈을 갚지 않아 신용이 떨어진 회사를 누가 봐주겠는가? 지금 이 순간을 어떻게든 헤쳐나가고 다음을 도모해야 했다. 그러려면 무엇이 되었든 방법을 찾아야 했다. 더 받을 수 없고 벌 수 없다면 가진 것 안에서라도 해결해야 했다. 아내와 상의 후 일단 집을 팔기로 했다. 그러고도 빚이 3분의 1이 남았다. 매장을 하나 처분해서 나머지를 정리했다. 사업을 유지는 하되 기존처럼 운영하기는 어려우니 규모를 줄여야 했다. 직원들을 모아놓고 상황을 설명했다.

"나는 여러분 모두를 가족처럼 여깁니다. 하지만 지금 상황이 너무 힘듭니다. 다른 일자리를 찾을 수 있는 분은 떠나셔도 됩니다. 남아 계실 분들께는 정말 고맙지만 월급을 당분간 절반밖에 드리지 못할 것 같습니다. 그래도 남아 주신다면 우리 함께 이 고비를 최선을 다해 넘어봅시다!"

　가장 먼저 떠난 사람은 나와 친했고, 학력도 높고, 능력도 좋은 직원들이었다. 그들은 어딜 가도 자기 밥그릇을 찾고 대접받을 자신이 있는 사람들이었다. 그들이 떠나간 것도 아쉬웠지만 내가 끝까지 그들을 품어주지 못한 것 같아 마음이 아팠다. 남기로 결정한 직원들에게는 미안하고 고마웠다. 나를 믿고 남기로 한 그들에게 나는 사장으로서 보답해야 했다. 그것은 어떻게 해서든 회사를 유지하는 것이었다.

# 당신이 죽으면
# 어디서 돈을 받죠?

적자가 지속되는 나날 속에서 사람을 해치는 불법만 아니라면 돈을 빌릴 수 있는 어떤 방법도 마다하지 않았다. 한번은 어떤 사람이 연 이자를 2%로 빌려준다고 해서 받은 적이 있었다. 이렇게 어려운 때에 이자를 이 정도로 싸게 받다니…. 그런데 알고 보니 연 이자가 아닌 월 이자였다. 쌓이고 쌓여서 내가 내는 이자는 2%가 아닌 24%가 되었다. 처음에는 트였다고 생각한 숨통이 날이 갈수록 다시 조여오기 시작했다. 그래도 그렇게 해서라도 회사를 유지할 수만 있다면 고금리의 이자를 선택하는 것이 차라리 낫다고 판단했다. 복리 효과는 돈을 모으는 데만 적용되는 것이 아니다. 빚 역시 한번 쌓이면 눈덩이처럼 점점 몸집을 불려 커지게 된다. 그 굴레에서 벗어나려고 악착같이 애를 썼지만 쉽지 않았다. 날이 갈수록 내가 내 목을 스스로 옥죄는 꼴이었지만 상황은 좀처럼 풀리지 않았다. 돈을 빌릴 수 있는 곳도 점점 줄어갔으므로 선택의 여지 역시 사라지고 있었다. 어디서라도 돈을 마련하지 않으면 빚의 둑이 터지고 회사의 존폐가 기울어질 위기였다. 전 세계 인구가 70억 명이라는데 누구라도 만나서 방법을 찾아봐야 했다. 어떻게 해야 할까, 누구를 찾아가야 할까, 고민에 고민을 거듭하다 문득 거래처를 통해 알게 된 빌 매카트니라는 사람이 생각났다.

## 딱 두 번 만난 사람에게 한 부탁

그는 호주 전역에 건강기능식품의 원료와 원부자재를 공급하는 회사의 사장이었다. 그와는 한 번 만난 적이 있었는데, 스코틀랜드에서 아무것도 없이 이민 와서 창고지기부터 시작한 사람이었다. 창고지기를 열심히 하다 보니 어떤 제품이 잘 팔리고, 어떻게 해야 잘 팔리는지 터득하게 되었다고 했다. 열심히 하는 사람은 누구나 알아보기 마련이다. 그를 눈여겨본 사장이 7~8년 후 회사 운영을 맡기자, 그는 회사를 수십 배 키워내는 역량을 증명했다. 그 이야기를 들으면서 내가 이 역만리 호주에 와서 각종 노동을 거치며 건강기능식품점을 열고 사업을 하게 되기까지의 경로와 닮았다고 생각했다. 바닥부터 시작한 사람은 자신과 비슷한 길을 걸어온 사람의 저력을 알아본다. 그러면 어쩌면 내 처지에 공감하고 도와줄지도 모른다. 실낱같은 희망을 품고 그를 찾아가기로 했다.

굳은 마음을 먹고 오기는 했지만, 막상 문 앞에 서니 이게 정말 잘하는 짓인지 몇 번이나 망설여졌다. 한 번밖에 안 본 사람에게 이런 부탁을 해도 되는 걸까? 게다가 당시 나에게는 집 담보고 뭐고 아무것도 없었다. 잘못 보이거나 일이 틀어지면 앞으로 그와의 사업적인 인연에도 영향을 미칠 것이다. 그래서 사채를 빌릴 때보다 더 고민되고 긴장이 되었다. 하지만 더 이상 물러날 곳도 없었다. 그만큼 절박한 상황이었다. 퇴짜 맞아도 할 말이 없었지만, 말이라도 꺼내보자 싶었다. 나는 그에게 찬찬히 내 상황을 설명했다. 그는 진지한 얼굴로 내 말을 귀 기울여 들었다.


"나는 어떻게든 회사를 유지하고 싶습니다. 나에게도 직원들에게도 잃으면 안 되는 것이니까요. 그런데 지금까지 말씀드린 것처럼 상황이 매우 어렵습니다. 저에게는 지금 회사가 최우선이기 때문에 집과 가게도 일부 처분한 상태예요. 그래서 사실은 담보가 아무것도 없습니다. 제가 확실하게 말씀드릴 수 있는 건 시간이 걸리더라도 반드시 갚겠다는 제 신용뿐입니다."

15% 이자를 줄 테니 10만 달러를 빌려 달라는 내 말에 그는 잠시 침묵을 지켰다.

"미스터 리, 이건 나에게도 시간이 필요한 결정입니다."
"아, 물론이죠."

나는 그가 얼마나 시간을 달라고 할까 싶었다. 일주일? 열흘? 어려운 부탁인 만큼 거절할 가능성이 클 것 같았다.

"5분만 시간을 주시겠습니까?"

5분이라. 예상했던 것보다 짧은 시간이었지만 중요한 건 결정의 여부였다. 그 안에 그는 과연 내게 어떤 대답을 줄 것인가? 빌의 사무실

한쪽에는 고급스러운 홈바가 있었다. 그는 그쪽으로 걸어가 유리잔에 위스키를 따른 후 몇 모금 마시며 생각에 잠겼다. 나는 나대로 돌이 된 것처럼 소파에 그대로 앉아 있었다. 내가 할 수 있는 거라고는 그저 기다리는 것뿐이었다. 우리는 같은 공간에서 고작 몇 발짝 떨어져 있을 뿐이었지만 5분 동안 굉장히 다른 세계에 있었다.

## 그 말의 숨은 뜻

잠시 후 그가 다시 걸어와 내 앞에 앉아 입을 열었다.

"당신은 어떻게든 돈을 갚겠죠. 그럴 사람이라고 생각합니다. 나도 사람 보는 눈이 있다고 자부하거든요."

그를 기다리던 동안 쿵쾅대며 불안하게 떨리던 심장이 비로소 제 박자를 찾아가는 듯했다. 그러나 그의 다음 말에 다시 가슴이 철렁 내려앉았다.

"그런데 말이죠. 만약 미스터 리 당신이 죽으면 난 그 돈을 어떻게 돌려받죠?"

그는 왜 내게 그런 말을 했을까? 여태까지 나에게 돈을 빌려준 사람 그 누구도 그런 말을 한 적은 없었다. 나는 그의 말처럼 그가 나를 잘못 보지 않았다고 생각했다. 그 역시 오랫동안 많은 일을 겪고 사업을 해왔으니 사람 보는 눈이 있을 것이다. 나를 바라보는 그의 눈빛은 의심이 아니라 걱정에 가까웠다. 그걸 느끼자, 그의 말이 무슨 뜻일지 알 것 같았다. 그는 내가 돈을 못 갚을까 봐 불안한 게 아니라, 내가 혹시 너무 힘든 상황에 내몰린 나머지 잘못된 선택을 할까 봐 걱정한 것이었다. 이층집 난간에서 어리석은 생각을 했던 기억이 떠올랐다. 그는 어떻게 그걸 꿰뚫어본 걸까? 나는 그가 내게 돈을 빌려주기로 한 것만큼이나 나를 걱정하는 마음에 감동하였다. 그런 그에게 확실한 믿음을 줄 필요가 있었다.

"그럴 일은 없겠지만 만약 그렇게 된다면 내 회사를 당신에게 넘기겠습니다. 내 회사는 10만 달러 이상의 가치가 있으니까요."

회사를 최우선으로 두는 내가 다른 사람에게 그걸 넘기는 일은 결코 없을 것이다. 빌도 그걸 알고 있을 것이다. 그 말은 곧 나의 의지와도 같았다. 돈과 마음을 함께 얻은 내 눈빛과 목소리에는 더 이상 흔들림이 없었다. 그는 씩 웃으며 고개를 끄덕였다.


## 서로에게 배우다

빌에게서 재정적 도움도 받았지만, 배운 것도 있었다. 그는 세계를 돌아다니면서 MBA 코스를 밟으며 지금까지도 계속 배우고 있다고 했다. 배움은 평생 지속하는 것이며 모든 사람이 자신의 선생이라고 말했다. 세상에 학생은 자신뿐이라는 겸손한 그의 태도가 인상 깊었다.

"우리가 많이 안다고 할 때 교만이 시작됩니다. 그것 때문에 실패하게 되는 거죠. 배운다는 자세를 가지면 교만이 들어설 자리가 없어요. 그래서 저는 지금도 항상 어디에서든 어떤 사람에게서든 배우려고 합니다. 미스터 리, 당신에게서도 오늘 배운 바가 있습니다. 바로 진실한 치열함이에요. 보통은 힘들다고만 하지 당신처럼 그렇게 솔직하게 모든 것을 말하는 사람은 드물거든요. 회사의 대표로서 책임을 다하려는 모습에서 깊은 감명을 받았습니다. 그게 내 마음을 움직였습니다."

나는 내 어려움뿐만 아니라 진심까지 알아준 그에게 매우 고마웠다. 대표가 된 지금까지도 항상 겸손하게 배우는 태도를 잃지 않는 그를 보며 나 또한 그와 같은 사업가가 되어야겠다고 생각했다. 우리는 그날 서로의 선생이 되어준 것이다. 뜻밖의 귀인으로 내 삶에 등장한 빌은 이후로도 나를 전폭적으로 지지하며 지금까지도 인연을 이어오고 있다.

# 나를 위해
# 일하라

닥터 로사는 내가 폴리코사놀을 수입하여 판매하는 것에 가장 큰 도움을 준 사람이다. 이게 어떤 효능이 있고 왜 안전한지에 대해 깊이 연구한 장본인이기 때문이다. 그녀에게서 HDL이 왜 중요한지, 폴리코사놀이 스타틴과 무엇이 다른지에 대해 기초적인 지식을 배울 수 있었다. 사전을 통째로 외우고 있을 정도로 천재적인 사람인지라 말할 때마다 영어 단어를 바꿔서 힘들기도 했다. 그래도 덕분에 그때마다 찾고 배워서 더 공부할 수 있는 계기가 되기도 하였다.

## 로사의 시중을 들다가 생긴 일

한국 식약처에 폴리코사놀을 등록할 때도 로사의 도움을 받았다. 밤낮을 가리지 않고 며칠 동안 몇 백 페이지나 되는 방대한 서류를 준비해야 했다. 나는 로사가 머물 숙소를 마련해주고, 필요한 자료를 함께 찾고, 서류를 복사하는 등 자질구레한 일들을 도왔다. 로사는 서류 준비하는 데만 온 정신을 쏟아야 했기 때문에 그 외의 모든 것은 내가 수발을 들어야 했다. 식약처 등록을 위해 쿠바에서 호주까지 와준 그녀에게 응당 해줘야 하는 보답이라고 생각했다. 매일 숙소에 찾아가 청소를 해주고, 매 끼니 식사를 마련해줬다.

처음에는 뭘 좋아할지 몰라서 중국집에 가서 이것저것 다양한 메뉴를 주문해두었다. 그런데 정작 로사는 그 많은 음식을 보고도 볶음밥 하나면 된다면서 다른 음식에는 손도 대지 않았다. 볶음밥 하나만 골라 먹는 그녀를 보고 소박하다고 여길 수도 있을 것이다. 하지만 이미 주문한 다른 음식들을 취소할 수도 없었다. 준비해준 나의 성의를 생각해서라도 맛 정도는 봐줄 수 있는 거 아닌가 하는 생각이 들었다가도, 미리 안 물어본 내 잘못이지 하고 넘기기로 했다. 이분은 과학자답게 일상생활에서도 자기가 흥미 있는 것에만 확실하게 끝까지 파고드는구나 하고 좋게 생각하려 했다.

그런데 이게 이틀이 지나고 사흘이 지나면서 조금씩 불만이 쌓이기 시작했다. 나도 일이 있으니 하루 종일 로사의 시중만 들 수 있는 것도 아닌데 그녀는 내가 챙겨주지 않으면 밥을 먹지 않았다. 내가 사다줘야 끼니를 챙겼고, 툭 하면 나를 불러서 이것저것 시켰다. 그중의 하나가 바로 쇼핑이었다. 호주에 머물면서 필요한 생필품이나 쿠바에 돌아갈 때 가족들에게 가져다줄 물건이나 선물 등을 필요로 했다. 나를 도와주기 위해 와 있는 것이기 때문에 쇼핑도 동행했다. 개인적으로 쇼핑을 좋아하지 않는 탓에 쇼핑한 물건을 들고 따라다니면서 비위를 맞추는 것에도 지쳐 갔다.

그 시간이 너무 고통스럽고 싫어서 로사가 쇼핑하는 동안 혼자 앉아 '만약 내가 그만두면 어떤 상항이 벌어질까' 스스로 묻고 답하기를 수백 번을 해봤다. 하지만 답은 늘 같았다. 우선 나에게 돈을 빌려준 사람들이 달려와 돈을 돌려달라고 할 것이고, 가족, 형제, 직장 동료들의 미래도 보이지 않았다. 그만두면 지금보다 훨씬 더 고통스러운 일들이 다가올 것을 알았다. 그때 생각이 정리되었다. 힘들지만 지금 쇼핑을 따라다니고 있는 이 순간이 나에겐 최선의 선택이라고 마음을 바꿔먹었고, 그 순간부터 나의 마음이 편해지면서 닥터 로사의 쇼핑도 더 이상 고통스럽지 않은 시간으로 바뀌었다.


## 내가 아니라 당신을 위해 하는 것 아닙니까?


어느 날, 폴리코사놀을 한국 식약처에 등록하기 위해 사흘 밤낮을 일하던 닥터 로사가 잠깐 쉬면서 쇼핑을 해야겠다고 다시 나를 호출했다. 그런데, 쇼핑센터를 향하던 차 안에서 닥터 로사는 쿠바에 있는 가족들에게 전화를 걸어 30분 넘게 통화하는 것이 아닌가. 당시에는 그녀가 사용하는 국제통화료만 해도 한 달에 1만 달러 가까이 나올 때였다. 통화료를 지불해야 하는 나는 걱정과 짜증으로 숨이 막혀오는 것 같았다. 심상찮은 내 감정을 눈치챈 것인지 닥터 로사는 그녀 자신이 이역만리 호주라는 낯선 나라까지 와서 가족들과 떨어져 밤낮 없이 일하는 것은 모두 다 나, 이병구를 위한 일이라고 말했다. 그러니 쇼핑을 도와주는 건 당연하다는 의미였을 거다. 하지만 나는 닥터 로사에게 이런 말로 답을 했다.


"로사 님! 저를 위하여 밤낮없이 일을 해주셔서 감사합니다. 고맙지만 앞으로 절대 저 이병구를 위해 일하지 마십시오. 저도 이렇게 쇼핑을 도와드리고 수발드는 것이 모두 로사 님을 위한 것으로 생각했었는데, 사실 이는 모두 다 저 자신을 위한 것이었습니다. 가족을 위한 것도 저를 위한 것이고 형제 동료를 위한 것도 다 저를 위한 것이었습니다. 당신이 나를 위한 것이라고 말씀하시지만 다 당신을 위한 것입니다. 당신이 당신의 가족을 위하여 선물 사는 것도 다 당신을 위한 것입니다. 당신은 당신의 가족이 밝고 즐거운 모습을 보고 싶어 하신다고 믿습니다. 선물이 당신의 가족을 즐겁게 하는 방법의 하나라고 믿습니다.”

내 말을 듣고 화가 난 닥터 로사는 차 안에서 30분도 넘게 감정을 억누르지 못해 소리를 지르고 차를 내리치며 어쩔 줄 몰라 했다. 그러다 잠시 숨을 고른 후 내게 이렇게 말했다.

“미스터 리 말이 맞아요. 이 일은 당신의 일이기도 하지만 내 일이기도 하죠. 나에게 득이 되지 않았다면 내가 구태여 여기까지 오지 않았을 테니까요. 당신 때문에 희생했다는 말은 정정합니다.”

나는 화해의 의미로 손을 내밀었다. 내 손을 맞잡은 로사는 아무 일 없었던 다시 대화가 시작되었고 이후 남은 일정 동안 별다른 트러블 없이 준비를 마치고 식약처에 등록할 수 있었다.


## 가장 좋은 선택이란 무엇일까?

내가 생각하는 베스트 옵션은 현재 이 시간이 최대한 만족스러운 시간이 되도록 노력하고, 좋은 기억으로 남을 수 있도록 하는 것이다. 그것은 최고의 선택이 될 수도 있고, 최선의 선택이 될 수도 있다. 과거도 미래도 아닌 현재 이 순간에, 다른 사람도 아닌 나를 위해 주도적인 내 의지로 내리는 선택이 바로 베스트 옵션이다. 그렇기 때문에 지금이 소중하고 가장 중요하다. 늘 더 나아질 수 있도록 생각하고, 선택하고, 노력해야 한다. 다음 선택이 또 다른 지금 이 순간이 될 것이고, 점점 더 나은 선택이 될 수 있어야 하기 때문이다.

불교에 '모든 것은 마음에 달려 있다.'는 말이 있다. 내가 어떻게 생각하느냐에 따라 천국도 될 수 있고 지옥도 될 수 있다. 내가 로사의 쇼핑과 잔심부름, 청소를 하면서 깨달은 것이었다. 내 마음을 바꾸면

현실의 결과도 바뀔 수 있다는 것 말이다. 이미 벌여놓은 일이니 여기서 그만두기보다는 이걸 어떻게 하면 가장 좋은 결과로 이끌 수 있을지 고민하는 게 나에게도 상대방에게도 더 나은 선택이었다. 그래서 나는 모든 선택을 최선의 선택이라고 생각한다. 객관적으로는 잘못된 선택이었다고 할지라도 그건 미래에서 보는 관점이다. 지금 이 순간에는 그런 판단을 할 수 없다. 선택을 한번 내리면 다른 선택은 없는 것과 마찬가지다.

예를 들어 어떤 사람이 다쳐서 한쪽 다리를 잘라내야 할 위기에 처했다고 생각해보자. 의사는 지금 다리를 자르지 않으면 감염으로 사망에 이를 수도 있다고 말한다. 앞으로 다리 없이 살아갈 인생이 막막해서 당연히 자르고 싶지 않을 것이다. 하지만 목숨을 보존하는 것보다 더 중요한 것은 없다. 그러니 다리를 절단하는 것이 최선의 선택일 것이고, 그보다 더 좋은 최고의 선택은 애초에 그런 결단을 내릴 필요가 없도록 다치지 않게 조심하는 것이다.

나는 직원들에게도 절대 회사를 위해 희생하지 말라고 말한다. 주인처럼 일하라는 말은 잘못된 말이다. 회사의 주인이 아닌데 어떻게 그럴 수 있겠는가? 그래서 한국 레이델 직원이 회사에 투자해서 지분을 가질 수 있도록 하였다. 현재 레이델 코리아는 90% 이상의 직원들이 회사에 대한 기여도에 따라 회사 지분을 갖고 있다. 모두가 파트너인 셈이다. 그러므로 그들은 회사의 주인이 된 것이다. 일이란 회사가 요구하는 일을 했을 때 그에 응하는 대우를 받는 것이다. 회사가 나를 알아주지 않으면 나를 알아주는 곳으로 가서 일하는 게 서로에게 나은 선택일 수 있다. 돈을 번다는 건 결국 나 자신을 위해 하는 일이고, 우리 모두 나를 위해 필요한 돈을 쓰려고 버는 것이다.

나의 만족은 그 누구도 아닌 나에게 향해야 한다. 그러니 일을 하는 것도 회사에 종속되는 게 아니라 나의 의지로 정해야 하고, 삶도 내가 주도적으로 이끌어야 한다. 이왕 하는 일이라면 나에게 도움이 되고 내가 만족할 수 있도록 재밌고 긍정적으로 바꿔보는 건 어떨까? 그런 베스트 옵션이 축적되면 삶도 점차 베스트 라이프가 될 것이다.

# 내가 마약을
# 판다고요?

폴리코사놀을 판매한 지 6개월쯤 지난 어느 날, 사무실에 출근하니 낯선 호주인 대여섯 명이 내게 다가왔다. 내 신분을 확인하고 영장을 보여주면서 회사의 수색을 집행하겠다고 말했다. 그 이유를 묻자 폴리코사놀을 구매한 소비자로부터 신고가 접수되었다는 것이다.

## 절체절명의 10분

그들이 내민 서류를 보아도 당최 무슨 말인지 이해가 되지 않았다.

서류에서 알아볼 수 있는 건 내 이름과 회사명뿐이었다. 나는 마약은 본 적도 없고, 여기 있는 건 전부 그냥 건강기능식품이라고 재차 설명해도 경찰과 검사는 절차대로 할 뿐이라는 말만 반복했다. 들어온 순간부터 표정 변화 하나 없던 검사는 딱딱한 어투로 말했다.

"저희는 신고가 들어왔으니, 조사를 해야 합니다. 마약인지 아닌지는 저희가 판단할 거고요. 이번이 처음이니까 지금 이 시점부터 수입 중단하시면 적당한 선에서 마무리될 겁니다. 하지만 지속적으로 수입할 의사가 있으시다면 저희로서는 기소하는 수밖에 없습니다. 어떻게 하시겠어요?"

그에게 더 호소해도 내 말을 들어줄 것 같지 않았다. 그는 그저 자기 일을 하는 것에만 관심 있어 보였다. 그의 말대로 수입을 중단할 건지 계속할 건지에 대해서라도 답해야 했다.

어떻게 해야 할지 혼란스러웠다. 난 정확히 10분 간 생각했다. 수입할 때 절차에도 딱히 문제가 없었고, 6개월 동안이나 잘 팔고 있던 게 왜 이제 와서 그런 신고가 들어갔다는 걸까? 폴리코사놀에는 분명 하자가 없었다. 실험을 통해 안전하다는 효능이 증명되었다는 것을 쿠바

에서 내 눈으로 직접 확인하기까지 했으니 말이다. 로열젤리와 폴리코
사놀을 복용하고 효과를 보게 해주어 고맙다고 말해주던 손님들의 얼
굴이 떠올랐다. 내가 그 먼 중국과 쿠바까지 가서 이 상품들을 수입하
고 판매한 건 그분들 때문이었다. 그분들이 내가 잘못된 판단을 내리
지 않았다는 증인이나 다름없었다. 내가 사업을 계속하기로 결심했던
것도 그분들과 같은 사람들을 위해 이로운 것을 널리 알려야겠다는 사
명감을 가질 수 있었기 때문이다. 그래. 사람에게 이로운 건데 내가 왜
멀쩡히 하던 일을 중단하고 죄인 취급을 받아야 하나? 나는 잘못한 게
없다. 폴리코사놀은 내 믿음을 배반하지 않을 것이다. 이렇게 생각하
고 나니 더 이상 망설일 이유가 없었다. 그들에게 당당히 말했다.


"나는 잘못한 게 없으니, 앞으로도 계속 수입해서 판매할 겁니다."


## 나의 불행은 내가 만든 것이더라


이후 지난한 법정 싸움이 시작되었다. 내 영어로는 법정에서는커녕
절차조차 순조롭게 진행하기 어려웠기 때문에 통역을 붙여 재판을 진

행하게 되었고, 백방으로 알아본 끝에 해당 분야의 경험이 많은 변호사를 고용할 수 있었다. 재판이 진행되는 동안 결론이 날 때까지 수입을 중단할 수밖에 없었는데, 재판에 돈은 계속 들어가야 해서 재정적으로 마이너스가 되어갔다. 처음에는 호기롭게 재판에 도전했지만, 시간이 지날수록 내가 잘하고 있는 건지 알 수가 없었다. 도대체 언제 끝날 수 있을까? 나의 결백이 증명되기는 하는 걸까? 그동안 주위에서 나처럼 힘든 상황에 부닥쳤던 사람들이 하나둘씩 재기했다거나, 뭘 만들었다거나, 매출이 올랐다는 소식을 들으면 응원을 보내는 동시에 내 처지가 비교되기도 하였다. 오메가3 같은 것만 팔았으면 아무 문제없이 돈을 더 빨리 벌었을 텐데 내가 괜한 짓을 한 걸까? 아니다. 내가 믿는 것에 흔들리지 말자. 그런데 나는 왜 이렇게 바람 잘 날 없이 그냥 지나가는 법이 없나. 하루에도 열두 번씩 마음이 천당과 지옥을 오갔다.

그즈음 지인의 권유로 호주에 있는 유일한 절인 정법사를 방문하게 되었다. 호주에 절이 있다는 것을 처음 알았다. 그곳에는 한국에서 온 기후 스님이 계셨다. 스님은 우리를 반갑게 맞아주며 차를 내주셨다. 차를 마시며 담소를 나누다 보니 나도 모르게 속사정을 토로하게 되었다. 스님이 자비로운 표정으로 다 괜찮다는 듯이 들어주시다 보니 힘든 마음을 누구에게라도 말하고 싶었던 것 같다. 고개를 끄덕이며 내 말을 듣던 스님은 마맛자국으로 뒤덮인 자기 얼굴을 가리키며 본인의 이야기를 해주셨다. 아기 때 돌이 지나기도 전에 천연두를 앓았던 스님은 얼굴에 생긴 곰보 자국이 평생의 콤플렉스가 되었다. 교단에 서고 싶었지만 너 같은 사람은 안 된다는 말에 상처받고 결혼까지 포기하게 되었다. 스무 살 전에 이미 깊은 상처와 절망을 맛본 그는 일찍이 스님이 되기로 했다. 행자 생활을 마치고 스님이 되고서도 흔들리지 않고 번뇌 없는 마음을 갖기까지 긴 시간이 걸렸다.

"열반경에서 '행복은 외부에 있지 않고 내면에서 찾을 수 있다.'고 하였습니다. 모든 불행은 비교에서 오더군요. 해와 달은 서로를 비교하지 않지요. 나에게도 좋은 게 있고 잘하는 게 있는데, 남과 비교하면서 내가 나의 불행을 만들었다는 것을 뒤늦게 깨달았습니다. 그걸 알고 나니 이후로는 마음이 좀 편해졌습니다."

스님의 그 말씀을 듣고 내가 참 어리석은 생각에 휘둘렸구나 싶었다. 주위에서 누가 어쨌다더라, 뭐라고 했다더라 하는 말들에 휩쓸리다 보니 마음이 급해지고 불안해졌다. 돌아보면 그런 것들이 도움 되는 경우는 없었다. 오히려 중심을 잡지 못하고 망하는 지름길로 들어설 뿐이었다. 나는 이미 내 제품에 대한 이해와 신뢰가 높았음에도 불구하고 내가 가지고 있는 것이 얼마나 소중한지를 잠시 잊고 있었다. 이전에도 그랬듯이 앞으로도 내가 가지고 있는 제품으로 사람들에게 이롭게 할 수 있을지만 계속 집중하자고 결심했다.


## 적자로 끝났지만, 얻은 것이 더 많았던

그런 생각 덕분이었을까. 2년간 끌어왔던 재판은 결국 승리로 끝이 났다. 승소해서 받은 돈이 6만 달러였는데 재판 동안 지불한 변호사 비용이 8만 달러여서 실질적으로는 적자였다. 그렇지만 내가 틀리지 않았다는 것을 증명받았으니 재판에 들인 시간과 비용이 아깝지만은 않았다. 또한 나의 사업은 더 이상 내 개인만을 위한 것이 아니라 직원들과 손님들을 위한 것이므로 흔들림 없이 사업해야 한다는 명분까지 얻은 귀중한 기회였다.

여담이지만 마약을 판다는 얼토당토않은 신고의 진위를 뒤늦게 알게 되었다. 어느 호주 사람이 폴리코사놀을 먹고 이건 마약 같은 효능이 있다고 말한 게 와전된 것이었다. 전혀 다른 의미의 말 한마디가 예상치 못한 후폭풍을 불러일으켰던 셈이다. 마약으로 느껴질 정도로 효과가 좋았다는 말에 감사의 인사라도 전해야 했던 건 아닌지 모르겠다. 만약 그때 내가 내 뜻을 접고 수입을 중단했다면 어땠을까? 아마도 내 사업의 향방은 지금과는 많이 달라졌을 것이다. 그 생각을 하면 지금도 아찔해지고는 한다.

# 내가 당신에게 다이아몬드를 쥐어줬는데 뭐가 걱정이에요?

재판에서 승소는 했지만, 거의 빈털터리 같은 신세가 되고 말았다. 그동안 수입도 못 하고 변호사 비용에 돈을 대부분 썼기 때문이다. 유통과 광고 등 사업에 들어갈 돈이 턱없이 부족했다. 다행히도 호주에서 가장 오래되고 규모가 큰 건강기능식품 기업인 블랙모어스와 협의해서 폴리코사놀을 판매할 수 있었다. 거인의 어깨에 올라타 우리 제품도 더 널리 알리고, 유통과 광고 부분을 해결할 수 있어 한시름 놓았다 싶었다.

## 유사 제품의 엄습

그런데 3년여가 지난 어느 날부터인가 쿠바산 폴리코사놀을 모방한 유사 제품들이 여기저기서 판을 치기 시작했다. 그들 제품 대부분은 기능성과 안전성에 대한 증명이 충분치 않거나 쿠바산 폴리코사놀과는 전혀 다른 함량 미달의 제품들이었다. 그 유사 제품들이 유일하게 내세웠던 것은 호주 식약청<sup>ARTG</sup>으로부터 'L'넘버를 획득했다는 것. 사실, 호주 식약처 'L'넘버는 선행자(맨 처음 판매자)가 자료를 제출하고 제품을 등재시키면 후자는 기준 규격만 맞으면 아무 자료 없이도 등재가 가능했다. 즉, 선행자가 등록한 제품과 기준 규격을 유사하게 하여 제품을 만들어 쉽게 판매할 수 있었다. 이를테면 한국의 고시형 건강기능식품에 해당하는 셈이다. 쿠바산이 아닌 다른 원료로 만든 폴리코사놀은 쿠바산에 비해 그 가격이 무려 25배까지도 저렴했다.

## 다이아몬드와 차돌이 같습니까?

잠 못 드는 날들이 이어지던 어느 밤, 해결책을 찾으려고 쿠바에 있던 닥터 로사에게 전화했다. 나는 유사 제품과 가격 때문에 힘든 상황을 구구절절 이야기했는데, 의외로 닥터 로사의 답변은 간결했다. "유사 제품 때문에 고통스러우면 쿠바산 폴리코사놀을 팔지 말고, 당신도 복제품을 팔면 되지 않습니까? 우리는 당신에게 다이아몬드를 드렸는데 당신을 그것을 알지 못하고 차돌과 비교하며 고통스러워하는군요." 라고 말하면서, 쿠바 연구팀에서 분석한 결과에 따르면 중국, 일본, 인도, 미국의 폴리코사놀은 HDL을 높이는 효과가 거의 없거나 효과가 있다고 하더라도 쿠바산 폴리코사놀에 한참 못 미치는 결과를 보였다며 걱정 말라는 말도 덧붙였다.

하지만, 쿠바산 폴리코사놀이 아니라 가격이 월등히 싼 다른 폴리코사놀들이 무분별하게 확산되면서 판매량이 곤두박질치자 블랙모어스는 급기야 판매 중단을 선언했다. 어떻게 보면 블랙모어스가 현명한 판단을 내린 것일 수도 있었다. 누가 봐도 밑지는 장사였기 때문이다. 따라서 나도 판매를 포기하는 게 맞는 결정이어야 하는데 도저히 그럴 수가 없었다. 내가 이 제품이 혈관 건강에 얼마나 좋은지 아는데, 만성 질환을 예방하고 인류의 삶의 질을 높일 수 있는데, 아무리 힘들어도 포기해서 안 된다고 마음을 수십 번, 수백 번씩 다잡았다.

## 또다시 결정의 기로

조금씩 경제 상황이 회복되면서 관광객이 다시 돌아오기 시작했다. 그즈음 쿠바산이 아닌 다른 폴리코사놀 제품을 팔던 업체들이 나에게 와서 제품을 공급해달라고 했다. 하던 대로 그냥 헐값에 팔면 될 텐데 왜 굳이 내게 온 걸까? 그 이유를 물어보니 자신들이 팔던 제품이 부작용이 심해 더 이상 팔기 어려워져서 이제는 신뢰받는 제품을 팔고 싶다는 대답이 돌아왔다. 결국 로사의 말이 맞았다. 그는 대신 자기 사정이 어려우니 공급 가격을 낮춰달라고 부탁했다. 나는 잠시 생각에 잠겼다. 쿠바산이 아닌 폴리코사놀을 쿠바산인 것처럼 팔다가 문제가 생기니까 나한테 와서 물건을 달라고 하는 게 괘씸하기도 했지만, 한편으로는 그만큼 폴리코사놀의 가치가 입증되었다는 뜻이기도 했다. 지금 당장은 손해일 것 같아도 장기적인 관점으로 봤을 때 이걸 조금이라도 더 널리 알리고 파는 게 더 낫지 않을까? 시간이 조금 걸리겠지만 나중에는 손해도 이익으로 전환될 것이다. 나는 그들에게 제안했다.

"우리도 마진 없이 낮은 가격으로 공급하도록 하겠습니다. 대신

2~3년 후에 상황이 나아지면 가격을 올리도록 하지요."

약속했던 기간이 지난 후 어떻게 되었을까? 내 생각대로 되었을까? 그들은 앞으로도 계속 가격을 낮춰달라면서 그러지 않으면 다시 유사 제품으로 돌아가겠다고 했다. 자기들이 필요한 것만 쏙쏙 받아먹고 언제 그랬냐는 듯 돌아서는 꼴이었다. 나와의 신뢰를 저버린 것이다.

이럴 가능성도 생각하지 않았던 건 아니지만, 실망스러운 건 어쩔 수 없었다. 이들에게 공급을 중단하면 회사는 다시 어려움에 처할 수 있는 상황이었다. 그렇지만 약속을 지키지 않는 사람과의 거래는 더 이상 의미가 없었다. 직원들은 반대했지만, 나는 심사숙고 끝에 변심한 그들과 거래를 끊었다. 이후 한동안 버티는 시간이 이어졌고, 회사가 문을 닫는다는 말들이 많았다. 그도 그럴 것이 이미 회사에 400만 달러의 빚이 있었는데, 쿠바에서 폴리코사놀을 외상으로 받아온 금액이 100만 달러가 더 있었다. 6개월 동안 직원들의 월급이 밀리기도 했다. 50% 이자의 사채까지 써가면서 어떻게든 회사를 유지하려고 안간힘을 썼다. 단 일주일이라도 시간이 있다면 그사이에 열심히 해서 뭔가 또 발견하고 어떻게 할 수 있을 거라는 긍정적인 사고를 버리지 않으려고 애썼다.

그렇게 노력한 덕분일까? 여의찮은 상황에서도 쿠바산 폴리코사놀이 대만과 한국에서 개별 인정형 건강기능식품(영업자가 원료의 안전성, 기능성, 기준 및 규격 등의 자료를 제출하여 관련 규정에 따른 평가를 통해 기능성 원료로 인정받은 것)으로 등록되었다. 그리고 새로운 파트너들 찾았고 그들과 함께 폴리코사놀 판매를 시작할 수 있었다. 그 과정에서 받은 선금으로 빚도 일부 갚으면서 한숨을 돌릴 수 있었다.

# 불가능을
# 가능으로

복제품을 팔던 업체와의 거래를 끊은 후 깨닫게 된 점이 있었다. 멀리 내다봤을 때 판매 전략에도 선택과 집중이 필요하다는 것이었다. 물론 상황이 안 좋으니까 할 수 있는 모든 방법을 동원하는 게 맞기도 했지만, 아무에게나 매달리는 것이 오히려 손해를 초래하기도 했다.

### '얼마나'가 아니라 '어떻게'

《공자의 법, 붓다의 인》이라는 책에 이런 이야기가 나온다. 석가모니의 사촌이 어느 날 이상한 광경을 목격하게 된다. 나병에 걸린 사람이 석가모니의 곁에 앉아 말씀을 듣고 있었다. 자기는 무려 25년이나 들었지만 석가모니 가까이에 갈 수 없었는데, 겨우 3일을 들은 사람이 그것도 나병 환자가 지척에 앉아 있는 것을 보고 참을 수 없었다. 그가 따져 묻자, 석가모니의 대답은 이러했다.

"들은 기간이 아니라 마음의 문을 열고 들었는지가 더 중요합니다. 내가 드리는 말씀은 항상 같습니다. 하지만 당신은 그렇게 오래 들었는데도 내 말을 못 알아듣지 않았습니까? 그가 나병 환자인지는 상관없습니다. 그는 단지 3일 만에 내 말을 알아듣고 깨달아서 나와 가까워졌을 뿐입니다."

아무리 좋은 말이어도 상대가 방화문을 내리듯 마음의 문을 닫고 관심을 두지 않으면 내가 아무리 말해도 소용이 없다. 불을 피우는 것에도 방법이 있다. 같은 땔감이어도 종류와 크기에 따라 불꽃의 크기와 지속 시간이 달라진다. 불이 잘 붙는 지점을 파악해서 거기에 집중해야 불씨를 살릴 수 있고, 공기의 흐름도 간과할 수 없다. 생각해보면 내가 로열젤리와 폴리코사놀의 가치를 발견하고 그것들을 회사의 주력 상품으로 밀고 나간 것도 그러했다. 두 제품이 말하자면 내 사업의 불씨가 되어주었던 것이다. 판매 방법도 똑같지 않을까? 그렇다면 나는 어디에 초점을 두고 집중해야 할까? 모든 토끼를 다 잡을 수 없으니, 판매가 잘 되는 곳을 알아야 했다. 전에는 내국인과 외국인 가리지 않았다. 그런데 돌이켜보니 나에게 효과를 보게 해주어 고맙다고 말해주는 이들은 주로 한국 사람이었다. 외국의 교민 사회는 결속력이 끈끈한 편이다. 그래서 나는 호주 교민 사회에 먼저 집중하기로 했다. 같은 한국 사람이다 보니 전문적인 정보를 전달하는 것에도 무리가 없었다.

주기적으로 사람들을 모아놓고 제품을 알리는 것에 주력했다. 자료를 따로 만들어 사은품과 함께 지급하는 정성을 들였다. 어떤 제품이 손님에게 가장 이로운지 파악하고, 올바른 지식을 알리고, 그들로 하여금 목적에 맞게 구매할 수 있게끔 하는 것에 초점을 맞췄다. 그러다 보니 제품에 관심 있는 사람들이 자연스레 생겨났고, 그들이 우리 제품을 잘 모르거나 관심 없던 사람에게도 추천하고 알렸다. 그뿐만 아니라 그중에서 영어를 잘하는 사람들이 내 이야기를 전파하면서 확산할 수 있었다. 그즈음 한국에서 지사를 맡아주던 파트너가 빠지게 되면서 나는 이 불씨를 한국으로 옮겨야겠다고 생각했다.

## Impossible? Possible!

2013년 초, KBS에서 쿠바의 장수 비결을 취재하고 싶다며 다큐멘터리 취재에 대한 협조 요청이 들어왔다. 콜레스테롤을 낮추고 혈관 건강을 지킨 것이 쿠바인들의 장수 비결 중 하나로 소개될 예정이었다. 나는 건강하게 장수하는 쿠바인들을 취재하고 전문가들을 섭외하기 위해 직원 몇 명과 함께 쿠바로 직접 날아갔다. 쿠바국립과학연구소의 새로운 담당자인 라파엘과 함께 진행하는 첫 프로젝트였다. 그 전까지 우리 회사의 파트너는 닥터 칼로스였는데, 그가 쿠바 바이오산업을 총괄하는 더 큰 국영 기업 바이오쿠바파마로 옮긴 후 새로운 담당자가 배정된 것이다. 두 사람은 성격과 일 처리가 매우 다른 스타일이었다. 칼로스는 본인이 파워가 있어서 내가 뭔가 제안하거나 부탁하면 어지간해서는 들어줬는데, 라파엘은 원칙과 규정이 무조건 우선이었다. 그러다 보니 늘 '안 돼요, 안돼!'처럼 '가능하다<sup>possible</sup>'보다 '불가능<sup>impossible</sup>'이라는 말을 입에 달고 살았다.

우리는 쿠바에서 섭외해준 사람을 만나기 위해 한 가정집에 찾아갔다. 그런데 한눈에 봐도 너무 연로하여 하루의 대부분을 침대에 누워있는 노인이었다. 그들은 이 노인이 이래 봬도 103세라면서 건강하다고 소개했다. 아무리 100세가 넘었다지만 거동도 잘 못하는 사람을 폴리코사놀 효능을 본 장수 사례라고 보여주기에는 적합하지 않은 것 같았다. 그 집을 나와 거리를 이리저리 걷다가 말을 타고 지나가는 어떤 남자를 보게 되었다. 언뜻 봐서 나이는 들어 보였지만 건강해보였다. 일단 그를 쫓아가서 나이를 물었더니 맙소사, 94세라는 것이 아닌가! 나는 70대에서 80대 정도로 보았기 때문에 깜짝 놀라고 말았다. 이건 뭔가 말이 되겠다 싶어서 그 사람을 섭외하기로 했다. 그런데 라파엘은 사전에 허가받지 않았기 때문에 또 안 된다고 말했다. 나는 어떻게든 일이 되게 하려고 애를 쓰는데, 그가 시도도 해보지 않고 번번이 거절하니까 기운도 빠지고 야속했다. 더욱이 호주에 있던 닥터 로사까지 나에게 전화를 해서 더 이상 라파엘에게 무리한 요구를 하지 말라며 라파엘까지 위험해질 수 있다고 협박 아닌 협박을 했다. 전화를 받는 내내 부슬부슬 비까지 내렸다. 나는 어떻게 해서든 이번 다큐멘터리 제작을 잘 도와 한국에 쿠바산 폴리코사놀을 제대로 알려야 했다. 그 상황이 너무 답답해서 도저히 참을 수가 없었다. 순간 나는 전화기를 길바닥에 내동댕이쳤다. 그리고 솟아오르는 감정을 추스르지 못하고 "이제 그만하겠습니다. 우리 비즈니스도 끝이에요! 내일 바로 돌아가겠습니다."라고 선언해버렸다.

라파엘은 그제야 사태의 심각성이 와닿았는지 다음 날 나를 찾아와 사과했다. 그리고 나에게 안 된다고 했던 것들에 대해서도 가능한 방향으로 방법을 찾아보겠다고 말을 바꿨다. 이 일이 얼마나 절실한 일인지, 또 얼마나 중요한 일인지에 대해 라파엘에게 다짐을 받기 위해 나는 그에게 쐐기를 박듯 이렇게 말했다.

"우리가 지금 하는 이 모든 일들은 인류의 건강을 위한 것인데, 쿠바의 규제 때문에 설사 우리가 감옥에 가야 한다고 해도 우리는 두려움 없이 이 일을 진행해야 합니다."

시간이 조금 걸리기는 했지만, 공산주의 나라에서 갖고 있는 규제로 인하여 불가능 을 입에 달고 살았던 라파엘에게서 점차 가능하다는 말을 듣는 날들이 더 많아졌다. 그때부터 우리는 하나의 생각으로 협업할 수 있었고, 지금까지도 라파엘은 나의 가장 소중한 파트너가 되어주고 있다. 그는 부정적인 생각과 긍정적인 생각의 차이가 어떤 결과를 만들어내는지 나를 통해 알게 되었다고 말했다. 내가 배운 게 많지 않다 보니 일단 부딪히고 해보면서 익히는 타입이었다면, 그는 규제가 많은 사회주의 국가에서 과학자로 살다 보니 규제 속에 사는 것이 더 중요했던 사람이었다. 그런 환경의 차이를 간과하고 그를 야속하게만 생각해서 미안했다. 나이가 들수록 우리가 생각을 바꾸기란 얼마나 힘든 일이던가? 라파엘이 한발 물러서고 생각을 바꿔준 덕분에 그 사건을 계기로 서로를 이해할 수 있게 되었다.

처음에는 답답한 원칙주의자 정도로 생각했는데 알고 보니 라파엘은 꽤 현명한 사람이었다. 그와 좋은 파트너십을 유지했던 덕택에 우리 회사의 사업 성장 속도도 빨라질 수 있었다. 그렇게 우리는 비즈니스 파트너에서 친구로 거듭날 수 있었다. 한국에 폴리코사놀을 알리기 위해 쿠바의 도움이 절실했던 수많은 순간순간, 만약 라파엘이 최선을 다해 우리를 도와주지 않았다면…, 아! 생각만 해도 아찔하다.

# 판잣집 이론이 탄생시킨
# 기초과학 연구소

가진 것이 없고 사정이 어려울 때는 허술한 판잣집에서라도 살아야 한다. 혹독한 날씨에 맨몸으로 맞서는 것보다는 낫기 때문이다. 비록 바깥 날씨와 크게 다르지 않은 온도라고 할지라도 태풍 같은 비바람을 직접 맞는 것과 한 겹이라도 무언가로 막을 수 있다는 것은 차이가 있다. 하지만 판잣집은 임시방편에 불과하므로 언제까지나 거기서 살 수는 없는 노릇이다. 비가 오면 당장은 그 안에서 피할 수 있겠지만 한차례 폭풍이 지나간 후, 여유가 조금이라도 생기면 같은 상황을 또 맞지 않도록 해야 한다. 이번에는 피했지만, 다음에도 이 판잣집에서 계속 피할 수 있으리라는 보장이 없기 때문이다.

미래를 대비하려면 과거를 잊지 않아야 한다. 과거가 현재를 만든다. 이것은 개인에게도 국가에도 마찬가지다. 우리나라에서 잊을 만하면 여러 참사가 일어나고, 경제 위기를 맞게 되었던 것도 과거를 잊었기 때문이라고 생각한다. 과거에서 배우고 미래를 대비해야 한다. 나는 이것을 '판잣집 이론'이라고 부른다.

사업을 하면서 나는 이 점을 잊지 않으려고 노력했다. 내가 빚 때문에 아무리 힘들었어도 고금리의 이자를 써가면서까지 어떻게든 회사를 유지하려 한 것도 이 때문이었다. 회사가 있어야 그게 무엇이 되었건 다음을 도모할 수 있다. 버티는 것도 중요하지만 상황이 조금이라도 나아졌을 때 현상 유지만 해서는 앞으로 나아갈 수 없다. 생존에 영향을 미치는 위험성을 제거하고, 발전할 수 있는 투자를 해야 한다.


## 혈관이 좋아지면 우리나라 경제가 좋아집니까?


내가 폴리코사놀에 대한 굳건한 믿음을 가지고 사업을 해나가던 중 우리나라에서 암 치료로 이름을 떨치고 있던 어떤 의사가 방송에서 건강기능식품에 대해 부정적으로 말하는 모습을 보게 되었다. 물론 불이 났을 때 진화하는 것에 앞서 불이 나지 않도록 조심해야 하는 것처럼 건강도 병에 걸리지 않게 예방하는 것이 더 중요할 것이다. 그러나 자칫 잘못하면 일반 사람들에게 건강기능식품에 대한 오해를 심어줄 수 있을 것 같아서 우려되었다. 엎친 데 덮친 격으로 2013년경, HDL 수치가 높아도 동맥경화를 유발할 수 있다는 논문이 나오면서 건강기능식품에 대해 안 좋게 인식하는 사람들이 생기기 시작했다. 그 논문의 후폭풍이 컸던 탓에 닥터 로사마저 흔들려서 나에게 폴리코사놀을 팔 때 HDL을 이야기하지 말라고 했을 정도였다. 그러나 폴리코사놀에 대한 나의 신뢰는 변하지 않았다. 효능을 보았다는 말을 주위에서 여러 차례 들어왔고, 나 역시 직접 복용하면서 그 효과를 체감하고 있었기 때문이다. 나의 경우 폴리코사놀 복용량을 첫해에는 5mg을 먹다가 용량을 높이면 더 좋을 것 같아서 2014년부터는 20mg으로 점진적으로 늘렸다. 2025년 현재는 100mg을 먹고 있다. 나이가 드는데도 불구하고 젊었을 때보다 오히려 기억력이 오래 가고 머리가 좋아지는 느낌을 받을 때가 많다. 내가 바로 폴리코사놀의 산증인이 아니면 무엇이겠는가?

한국에 판매를 집중하기로 하고 폴리코사놀이 HDL을 올려준다고 한창 광고하고 있을 때, 신문사로부터 어떤 연락을 받게 되었다. 한 교수가 나를 만나고 싶어 한다는 것이었다. 오랫동안 HDL을 연구하고 공부해왔다는 영남대학교의 조경현 교수였다. 나는 원래 예정되어 있던 약속까지 취소하고 그와 만나기로 했다. 그는 나와의 첫 만남에서 우리 제품의 광고와는 달리 HDL의 부정적인 자료들이 나온 것들을 언급하면서 어떻게 생각하느냐고 물었다. 나는 그에게 대답 대신 질문을 던졌다.

"교수님, 혈관이 좋아지면 우리나라 경제가 좋아집니까? 안 좋아집니까?"

"네?"

내가 생각해도 언뜻 들으면 뚱딴지같은 말로 들릴 것 같았다. 그러나 나에게는 의도가 있는 질문이었다. 혈관은 우리 몸의 고속도로와도 같다. 혈류가 막히면 자연히 몸 전체에 문제가 생길 수밖에 없다. 이걸 국가적으로 확대한다면 어떨까? 국민 개개인에게 문제가 생기고 이게 누적이 되면 나라 안팎에도 정체가 빚어진다. 반대로 혈류가 원활하면 기억력도 높아지고 머리가 좋아진다. HDL의 도움으로 머리 좋아지는 사람들이 늘어난다면 국가적으로도 큰 득이 되지 않을까? 그들이 나라 경제에 보탬이 될 테니 말이다. 조경현 교수에게 던진 질문은 이런 생각을 함축한 한마디였다. 그는 내가 앞뒤 설명 없이 건넨 질문에 잠깐 생각에 잠기더니 입을 열었다.

"좋아질 것 같습니다."

오랫동안 HDL을 연구하고 공부해온 사람이라 그런지 서로 많은 말이 오가지 않아도 생각을 공유하는 것처럼 느껴져서 조경현 교수와 좋은 파트너가 될 수 있을 것 같은 예감이 들었다. 나는 쿠바국립과학연구소의 자료들을 보여주며 말을 이어 나갔다.

"혈관이 좁아지면 머리가 나빠진다는 건 당연한 사실이죠. 폴리코사놀은 혈관을 넓혀주고 혈압까지 떨어뜨릴 수 있습니다. 이보다 좋은게 어디 있겠습니까? 나는 부정적인 자료와 여론 때문에 사람들이 이효과를 볼 기회를 잃는다는 것이 너무 안타깝습니다."

잠자코 내 말을 듣던 조경현 교수가 이런 제안을 했다.

"그럼 우리가 그 연구를 해보는 건 어떻습니까? 사실 처음에는 대표님 말씀을 반신반의했습니다. 저 역시 긴 시간 HDL을 연구해왔지만 그걸 올려주는 물질을 찾지 못했거든요. 그런데 이렇게 생각이 같은 분을 만난 건 대표님이 처음입니다. 대표님이 원료를 공급해주신다면 제가 그걸 연구해보고 싶습니다."

## 레이델 HDL 연구소의 탄생

우리는 합심해서 국내 최초로 HDL 연구소를 만들기로 마음을 모았다. 연구비를 계산해보니 대략 30억이 필요했다. 회사에서는 모든 직원이 반대했다. 이제 회사가 조금 안정적인 궤도에 올라가고 있는데 당장 수익을 내지도 못할 연구소에 투자하는 건 무모한 도전이라는 말이었다. 큰 제약회사도 영업 이익의 15~25% 정도를 연구에 투자하는데, 우리 회사에 30억이면 그 정도를 넘어서는 막대한 투자인 건 사실이었다. 나는 직원들을 정말 아끼지만, 이번만은 내 생각을 굽힐 수 없었다. 내가 좋다고 여기고 믿는 것을 객관적으로 증명해야 타당한 근거가 생기고, 앞으로의 사업에도 큰 동력이 될 수 있을 것이다. 회사도 제품을 속속들이 알아야 하니까 연구소를 설립하는 건 곧 미래에 투자하는 것과 다름없었다. 주위에서는 모두가 반대하고 포기하라고 했지만, 조경현 교수와 나는 서로를 믿고 우리의 생각대로 밀고 나가기로 결심했다.

과학자와 의학 전문가의 상당수는 혈압이 올라가는 건 복합적인 원인이 있어서 단적으로 말하기 힘들다고 했다. 혈관이 절반 이상 좁아지기 전까지는 본인 자신도 증상을 못 느끼는 사람들이 대부분이다. 그러나 내 생각은 혈관이 넓어지면 혈압이 떨어진다는 간단한 논리였다. 나의 전폭적인 지지에 2019년, 조경현 교수는 레이델연구원장으로서 쿠바산 폴리코사놀을 20mg 복용 시 HDL의 양과 품질을 개선해 수축기 및 유압의 혈압을 낮춘다는 것을 세계 최초로 증명해냈다. 그리고 SCI급 저널에 발표하고 발표된 자료를 한국 식약처에 제출하고 한국 식약처로부터 '혈압 조절에 도움을 줄 수 있다'는 인증을 받았다. 단일 원료로 이상지질을 개선시켜 혈압을 개선시키는 것은 쿠바산 폴리코사놀이 유일한 것으로 알고 있다. 쿠바국립과학연구소와 조경현 교수의 연구의 차이는 HDL의 입자를 직접 볼 수 있느냐의 여부였다. 나는 그걸 확인하기 위해 과감히 몇 억이나 되는 거금을 투자했다. 그리고 마침내 우리 연구소가 HDL을 높이면 죽상 동맥경화증이 개선되어 혈압이 낮아지고 만성 질환 예방에 도움이 된다는 것을 밝혀낸 것이다.

## 혈류 고속도로의 순항

나와 조경현 원장의 만남은 서로에게 중요한 전환점이 되었다. 시작은 나 혼자 갖고 있던 판잣집 이론이었다. 앞으로의 문제나 시련을 예방하기 위해 미래를 대비하고 투자를 해야 한다고 생각했다. 그래서 어떤 상황에서도 회사를 유지하고 발전시키는 것을 최우선으로 여겼고, 의사나 전문가들이 폴리코사놀에 대해 부정적으로 말해도 내 믿음을 뒷받침하기 위해 연구소 설립에 투자했다. 사람도 이와 다르지 않다고 생각한다. HDL을 올리고 LDL을 낮춤으로써 건강한 혈관을 유지하는 사람은 나이가 들어서도 얼마든지 자기 뜻대로 활동할 수 있다. 우리 몸속의 혈관 고속도로의 상태에 따라 앞으로의 내 인생이 달라진다고 해도 과언이 아니다. 나는 모든 사람이 행복한 인생을 살기 바란다. 그러기 위해서 건강에 미리미리 투자하고 준비해야 한다는 점은 아무리 강조해도 지나침이 없을 것이다. 지금껏 그래왔듯이 나는 앞으로도 사람들의 건강에 기여하기 위해 내가 할 수 있는 모든 것을 투자하여 힘쓸 것이다.

## 연구소에 투자한 결과

최근 몇 년간 나는 매일 폴리코사놀을 100mg씩 섭취하고 있다. 한국식약처의 1일 폴리코사놀 복용량 가이드는 5~20mg이지만, 많은 양의 복용에도 별다른 부작용이 보고되지 않았기 때문에 나는 꾸준히 고용량을 섭취해오고 있다. 70세가 된 나의 HDL은 지금 어떤 모습일까? 얼마나 건강할까? 정말 폴리코사놀이 나의 HDL을 건강하게 잘 유지시켜주고 있을까?

HDL 연구소를 찾아 전자현미경으로 직접 나의 HDL을 관찰했다. 222쪽의 사진이 전자현미경으로 본 나의 HDL이다. 우선, HDL 콜레스테롤의 수치(양)가 67mg/dL로 평균보다 더 높고, HDL의 각 입자들이 크고 선명하다. 마치 밤하늘에 밝은 별들이 각자 선명하게 빛나듯이, 각 HDL 입자들이 빛나는 둥근 모양으로 반듯반듯하게 존재함을 알 수 있다. 입자의 크기도 균일하여 고른 분포를 보인다. 입자 지

## 좋은 HDL과 나쁜 HDL 비교(60만 배 확대)

| 좋은 HDL | 나쁜 HDL |
|---|---|

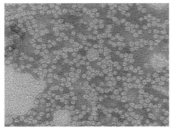 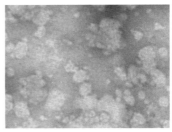

이병구(70세)　　　　　　　　　췌장염 남성(33세)

름을 재보면 평균 12.6nm 정도로 크고 항산화 활성도 높다. HDL의 입자가 크고 항산화 활성이 높을수록 LDL이 산화되는 것을 막아 혈관질환을 예방할 수 있다. LDL의 산화를 막는 힘은 전적으로 HDL에서 나온다. 또한, HDL 콜레스테롤이 총콜레스테롤에서 차지하는 비율을 계산해보면 35% 이상이다. 이 말은, HDL의 비율이 더 높아 LDL을 더 방어하기 쉽다는 뜻이다. LDL은 혈관을 좁아지고 막히게 만들어 심혈관질환을 일으키는 혈관 건강의 적군이다. 혈관 건강을 위해서는 아군인 HDL 수치가 높아야 하고, 적군인 LDL의 수치는 낮아야 한다.

　33세 췌장염 남성의 현미경 사진을 보면, HDL 콜레스테롤의 양(27mg/dL)이 적고, HDL의 입자들의 윤곽이 불분명하고, 크기가 제

좋은 HDL

나쁜 HDL

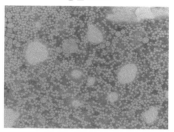

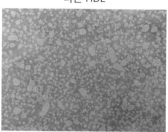

이병구(70세)

고지혈증 남성(34세)

각각이며, 서로 뭉쳐져 있다. 언뜻 봐도 예쁘지 않다. 마치 먹구름이 서로 엉겨 있듯이 모호하고, 크기가 편차가 커, 각각 일정하지 않다. 입자의 수도 적고, 입자의 지름을 재보면, 11.7nm 정도로 작고, 항산화 활성을 재보면 매우 낮다. 그래서 LDL의 산화를 막을 수 없어서 산화된 LDL도 증가하게 된다. HDL 콜레스테롤이 총콜레스테롤에서 차지하는 비율을 계산해보면 14% 미만이다. HDL의 비율이 훨씬 더 낮으므로 LDL의 산화를 막고 혈관 건강을 지켜내기 더 어렵다는 뜻이다. 아군보다 적군이 더 많은 셈이다.

위쪽의 고지혈증을 가지고 있는 34세 일본인의 HDL을 촬영한 전자현미경 사진을 보면, HDL의 크기가 작고, 분포가 균일하지 않다.

HDL의 모양도 찌그러지고 모호한 윤곽을 보여준다. 총콜레스테롤에서 HDL콜레스테롤이 차지하는 비율을 계산해보면 약 27%이며, HDL 입자의 수도 적고 항산화 활성도 낮다. 젊을 때부터 HDL의 양과 품질을 잘 관리해야 한다는 것을 보여주는 예이다. HDL은 양 못지않게 품질과 기능도 중요하다. HDL의 가장 중요한 기능은 LDL의 산화를 막고, 콜레스테롤을 몸 밖으로 배출하는 것이다. 즉, HDL의 품질과 기능이 좋아야 혈관 내막에 쌓인 콜레스테롤을 더 많이 더 효과적으로 배출할 수 있고, 혈관 내막에 침투해서 콜레스테롤을 쌓이게 만드는 LDL의 산화를 막을 수 있다. 레이텔연구원의 조경현 원장은 지금까지 쿠바산 폴리코사놀이 HDL의 수치는 물론 HDL의 품질과 기능을 높인다는 연구 결과를 국제 학술지에 수십 편 이상 게재해왔다. 일본에서 만났던 저명한 뇌과학자는 조경현 원장의 이런 연구 결과들은 노벨 생리의학상을 받아도 손색이 없을 정도라는 극찬을 하기도 했다.

폴리코사놀은 단일 원료로 한국 식약처로부터 콜레스테롤 수치 개선과 혈압 조절 기능성을 인정받았고, 레이텔 코리아는 '콜레스테롤과 혈압을 동시에'라는 카피로 대대적인 홍보에 나섰다. 다시 한번 폴리코사놀의 붐이 일어났다. 원료가 제품의 판매량을 따라갈 수 없을 정도여서 폴리코사놀 품귀 현상까지 생겨났다.

그런데 이름을 타서 이윤을 챙기는 사람들이 생겨나기도 했다. 한국 식약처로부터 기능성을 인정받지 못한 일반 식품을 폴리코사놀이라는 이름만 붙여서 마치 기능성이 있는 것처럼 면세점, 온라인, 백화점, 오프라인 숍에서 판매하는 것이다. 지금까지 레이델 쿠바산 폴리코사놀을 섭취하며 신뢰를 쌓아왔던 소비자들은 비슷한 이름에 속아서 기능성이 없는 당류가공품 또는 과채가공품을 기능성식품으로 오인해 섭취하는 상황이 발생할 수 있다.

40년 이상 건강기능식품 사업을 이어온 내 인생을 걸고 다시 한번 강조하고 싶다. 2025년 현재까지 '콜레스테롤 수치 개선 및 혈압 조절' 기능성을 한국 식약처에서 인정받은 폴리코사놀은 쿠바산 사탕수수에서 추출 정제한 쿠바국립과학연구소 발명품인 폴리코사놀−사탕수수왁스알코올이 유일무이하다. 기타 유사 제품들은 대부분 식약처로부터 기능성과 안전성을 인정받지 않은 당류가공품 혹은 과채가공품들이다. 다시 한번 강조 하면 HDL의 질과 양을 높이면 세포의 손상을 막거나 개선시켜서 혈액 순환을 원활하게 한다. 이는 만성 질환 개선과 예방에 가장 좋은 방법이라고 생각한다.

# 4장

한 사람이라도 더 행복해지는 세상

쿠바에서 출발한 머나먼 나의 여정은 아직 끝나지 않았다. 나와 내 주변에서 시작된 많은 궁금증과 해결해야 할 과제들이 꼬리에 꼬리를 물고 이어진다.

'나는 당뇨병을 28년 전에 진단받았는데, 어떻게 족부궤양에 걸리지 않았을까?'

'왜 나는 지난 6년간 코로나19 바이러스와 감기를 한 번도 앓지 않았을까?'

'36년이나 아토피를 앓아온 내 지인은 어떻게 하면 치료할 수 있을까?'

질문들에 대한 과학적 해답을 찾기 위해서 나는 오늘도 새벽 4시에 일어나 공부를 하고, 레이델연구원 조경현 원장과 함께 연구에 연구를 거듭하고 있다. 나의 한 걸음이, 레이델의 한 걸음이, 더 많은 사람들의 건강을 위한 최선의 선택이며, 인류의 삶의 질을 높이는 최고의 결과물이 되리라 믿어 의심치 않기 때문이다.

# "Life is short!"

 

우리의 삶은 태양이나 지구의 나이에 비하면 점 하나보다 더 짧다. 이토록 유한한 시간을 사는 만큼 우리는 반드시 행복으로 이 시간을 채워야 한다. 건강은 행복을 위한 필수조건이다. 문제는 나이가 들면서 이 조건을 충족시키는 것이 쉽지 않다는 것이다. 심혈관질환을 포함한 만성 질환 발병 위험이 급격히 높아지기 때문이다. 심혈관질환은 세계 사망 원인 1위이고, 만약 사망에 이르지 않는다 하더라도 많은 후유장애를 남겨 삶의 질을 떨어뜨리기도 한다. 심혈관질환을 막으려면 혈관이 좁아지지 않게, 막히지 않게 해야 하고, 그러기 위해서는 HDL을 높여야 한다. HDL이 장수인자로 불리는 까닭이다. 내가 '인생은 짧다'라는 문장에 이른바 꽂히게 된 것은 한때 생과 사의 기로에 섰던 나의 개인적인 경험 때문이다.


## 수술해야 합니다

나는 호주 시드니 집에서 차로 약 2시간 거리에 있는 블루마운틴에 가서 운동하기를 좋아한다. 집사람은 왜 그 먼 데까지 가서 운동을 하냐고 잔소리를 하지만, 운전해서 가는 2시간 동안 깊게 사색할 수 있고 블루마운틴의 울퉁불퉁하고 꼬불꼬불한 산길을 걸으면 몸의 균형이 맞춰지는 느낌을 받기 때문에 나는 결코 블루마운틴에서의 운동을 포기할 수 없다. 나보다 더 블루마운틴 산행을 즐기는 분들도 많다. 한 부부는 매주 2~3회씩 블루마운틴에서 운동을 하는데, 10년 전 부인이 의사로부터 삶이 얼마 남지 않았다는 시한부 선고를 받고 별의별 약을 다 복용해봤지만 소용이 없던 차에 남편이 마지막으로 블루마운틴에 가서 운동을 해보자며 권유했고, 그때부터 부부는 운동량을 조금씩 늘려 지금은 10km도 가볍게 걷는다고 했다. 그리고 병도 없어졌다고 내게 자랑하기도 했다. 그런데 2018년 6월 어느 토요일, 그날도 여느 때처럼 블루마운틴에서 운동을 하고 있었는데 이상하게 가슴이 답답하고 숨쉬기가 힘들어지면서 현기증도 있는 것 같아 운동을 중단하고 집으로 와서 쉬었다. 다행히 증상은 사라졌다. 월요일이 되어 사무실에 출근하자마자 호주 직원에게 블루마운틴에서 겪은 일을 이야기했더니 당장 병원에 가서 확인해봐야 한다며 나를 병원까지 데리고 갔다. 심전도와 심장초음파 검사 결과 별 이상이 없다는 진단을 받았다. 심장 기능을 확인하기 위해 필요한 운동부하 검사는 8월에 쿠바 출장을 다녀온 후 받기로 했다.

쿠바 출장도 무사히 다녀왔고, 출장 중 별 이상 증세도 없었던 터라 검사를 취소하려고 했지만, 호주 직원이 절대 안 된다고 몇 번이나 나를 설득한 끝에 검사를 위해 다시 병원을 찾았다. 심장 기능을 체크하는 운동부하 검사를 위해 러닝머신 위를 달렸다. 그런데 의사의 표정이 심각해졌다. 그는 몇 번의 검사를 더 진행하다가 주치의와 심장전문의에게 각각 연락을 취했고, 나는 긴급 환자로 병원에 입원하게 되었다. 검사 결과는 심장 주요 혈관 3개 중 2개의 혈관이 60% 정도 막힌 상태였고, 1개의 혈관은 90% 이상 막힌 상태였다. 스텐트 삽입술로 충분하지 않고, 심장동맥 우회술을 해야 한다는 의사의 진단과 처방이 내려졌다. 실로 내겐 청천벽력과도 같은 일이었다. 혈관 건강에 좋다며 폴리코사놀을 지금까지 팔아온 내가 아닌가. 나는 다급한 마음에 심장전문의들을 붙잡고 내가 지난 20년 동안 폴리코사놀을 매일 5mg씩 섭취해왔다며, 폴리코사놀 논문들을 찾아 보여줬다. 처음 의사들의 답변은 그야말로 매몰찬 것이었다. 폴리코사놀이 그렇게 효능이 있다면 내가 병원에 입원하는 일은 없었을 거라며, 본인들은 관심이 없으니 수술받을 때까지 스타틴을 복용하라고 했다. 믿을 수가 없었다. 혈관이 막히지 말라고 쿠바산 폴리코사놀을 섭취해왔고 또 팔기까지 했는데 어떻게 내 혈관이 이렇게 막혀있나. 의사가 수술 동의서에 사인을 받으러 왔다. 심장 수술이 잘못되어도 책임을 묻지 않는다는 내용이었다. 지난 시간이 주마등처럼 스쳐 지나갔다. 만감이 교차했다. 어찌 생각하면, 빚도 얼추 다 갚았고 뭐 이대로 죽는다 해도 여한이 없을 것 같기도 했다. 수술을 잘 받아 다시 살면 얼마나 더 살까. 10년, 20년, 30년… 그러다 태양과 지구의 나이와 내 인생의 길이를 비교해봤다. 정말 찰나처럼 짧은 삶이 아닌가.

## 폴리코사놀이 나를 살렸다

내 심장을 수술할 집도의가 정해졌다. 그는 중국계 의사였고 워낙 유명한 분인 데다 편안한 인상이어서 내심 마음이 놓였다. 마음이 좀 놓이자 나의 고민을 의사에게 털어놓았다. 나는 20년 동안 혈관 건강을 위해 폴리코사놀을 섭취해왔다고 말하고, 폴리코사놀의 효능에 대한 논문을 보여드렸다. 의사 선생님은 한참 동안 논문을 읽어보시더니 내게 뜻밖의 대답을 해주셨다.

"미스터 리, 당신은 운이 참 좋은 것 같습니다. 만약에 당신이 폴리코사놀을 먹지 않았다면 아마 지금보다 더 빨리 혈관이 막혀서 죽었을 수도 있을 겁니다. 당신의 혈관이 막힌 이유는 관상동맥의 석회화로 심장으로 가는 혈관에 칼슘 등이 축적되었기 때문인 것으로 보입니다. 혈관 상태가 더 심각해지지 않기 위해서는 무엇보다 콜레스테롤 관리가 중요한데, 내가 논문을 읽어보니 폴리코사놀이 당신의 목숨을 구하는 데 매우 중요한 역할을 했을 거라는 생각이 드네요."

호주에서 치과의사로 일하고 있는 큰딸 제니는 주치의의 설명을 듣자마자 바로 관상동맥 석회화와 관련된 최신 논문을 찾아서 내게 보여주었다. 사실 나는 가족력으로 인해 꽤 오랜 기간 동안 당뇨병을 앓아왔다. 당뇨병은 혈관 질환에 치명적이다. 거기에 수십 년 동안 사업을 하며 스트레스와 불규칙한 생활이 일상이 되어 있었다. 그런데, 이런 악조건 속에서도 다행히 더 심각한 상황으로 진행되지 않을 수 있었던 것은 폴리코사놀 덕분인 것 같다고 집도의가 나에게 말해주는 것 아닌가. 혈관 내막에 콜레스테롤이 쌓이다가 혈관 플라크(혈관 여드름)가 만들어지고 혈관이 좁아지면 혈압이 높아진다. 더욱이 혈관 플라크는 매우 불안정하기 때문에 파열되기 쉽고, 플라크가 여러 번 터지면서 섬유질이 쌓이면 혈관을 아예 막아버리거나 혹은 플라크에서 혈전이 떨어져 나와 혈관을 갑자기 막으면 심근경색이나 뇌졸중으로 사망에 이르게 될 수 있다. 그런데, HDL을 높여주는 폴리코사놀을 꾸준히 섭취한 덕분에 그나마 혈관 플라크 사이즈를 더 키우지 않을 수 있었고, 폴리코사놀에는 혈관 플라크를 안정화시키고 혈전을 용해하는 기능까지 있어 다행이었던 것 같다는 게 의사의 설명이었다. 내가 지금 깨달은 것을 알리려면 살아야 한다는 의지가 생겨났다. 집도의가 고마웠다. 덕분에 마음 편히 수술실로 향할 수 있었다.

수술실로 향할 때 둘째 딸 조앤이 따라오면서 "아빠 수술 잘 될 거야 힘내!" 하며 응원해주었다. 언제가 해외로 출장 가는 나를 공항에 데려다주면서 딸이 하던 말이 주마등처럼 지나갔다.

"아빠! 열심히 살아주셔서 고마워요. 나도 아빠처럼 열심히 살고 있어요. 그래서 지금이 행복해요."

나는 회복실에서 의식이 살아나고 있었다. 의식이 살아나 창밖을 보니 눈물 가득한 딸들이 나를 반갑게 맞으며 손을 흔들고 있었다. 모두에게 고마운 마음이 들었다. 조금 회복이 되었을 때 수술 부위를 살펴보니 헝겊으로 덮여 있었다. 그런데, 팔뚝과 다리를 살폈는데 그 어디에도 수술 자국이 없는 것이 아닌가. 관상동맥 우회술을 하려면 긴 혈관이 필요해 보통은 다리나 팔에서 혈관을 채취하여 사용한다. 그런데 내게는 그런 수술 자국이 없었다. 다행이다 싶으면서도 너무 의아해서 집도의에게 어떻게 된 거냐고 물었더니, 내 경우는 심장 혈관의 막힌 부분이 생각보다 짧아서 막힌 부분만 잘라내고 혈관을 당겨서 이었다고 설명해줬다.

혈관은 20대부터 혈관 내막에 콜레스테롤이 쌓이면서 혈관 플라크가 생겨나기 시작한다. 콜레스테롤이 지속적으로 혈관 내막에 쌓이면 플라크가 커지고 혈관이 좁아진다. 혈관이 좁아지면 혈압이 높아지면서 다양한 증상(인지력 및 기억력 감소, 시력 감소, 만성피로, 두통, 정력 감소, 손발저림, 근육통 및 관절 통증 등)이 나타날 수 있다. 그러다

| 20대 혈관 | 40대 혈관 | 혈관 플라크 파열 |

혈관 플라크가 터지면서 혈관이 완전히 막히면 심근경색, 뇌졸중, 말초동맥질환, 급성 혈전증, 심부전증 등으로 이어진다. 그리고 혈관 플라크가 파열되었을 때 혈관이 완전히 막히지 않더라도 콜레스테롤, 섬유질, 칼슘, 혈소판, 프로테오글리칸, 대식세포, 거품세포, 적혈구 등이 모여 딱지가 형성되면 혈관 석회화 및 동맥 경화가 진행된다. 또한 터진 혈관 옆에 또 플라크가 생기고 터지면서 1차, 2차로 터지고 딱지가 생기면서 혈관이 길게 막히게 된다.

　당시 주치의의 설명에 따르면, 본인이 지금까지 수술했던 환자들 중 많은 수는 막힌 혈관 부위가 상당히 긴 것이 보통이었다고 한다. 마치 도미노처럼 혈관 플라크가 터진 부위 바로 옆에 또 새로운 플라크가 만들어지고, 다시 터지고를 반복하면서 혈관의 협착 부위가 길어진다는 것이다. 그런데 나의 경우에는 혈관이 막힌 부위가 이례적일 정

석회화가 진행되어 나타난 동맥경화          석회화된 혈관에서 나온 딱지

도로 짧아서 큰 수술이 필요치 않았다는 설명이었다. 그야말로 행운이었고, 나는 이 모든 것이 쿠바 폴리코사놀 덕분이라고 믿고 있다. 폴리코사놀을 개발한 분들이 너무 고마웠다. 그리고 내 심장 수술을 집도했던 의사 선생님은 내 결과를 보고나서 자신의 아버지에게도 폴리코사놀을 드리고 싶다며 구매를 요청하셨다. 물론, 나는 내 생명을 살려준 의사 선생님께 폴리코사놀을 선물로 드렸다.

호주 집에서 내가 조금씩 건강을 되찾아갈 즈음, 대구에 있는 레이델연구원에서 너무나도 좋은 소식이 들려왔다. 매일 쿠바산 폴리코사놀 20mg을 섭취하면 혈압 조절에 도움이 된다는 기능성을 한국 식약처로부터 인정받았다는 소식이었다. 폴리코사놀은 세계 최초로 단일 원료로서 콜레스테롤 개선과 혈압 조절 기능성을 동시에 인정받는 쾌거를 이룬 셈이다. 흔히 콜레스테롤과 고혈압은 혈관을 망치는 공범共犯

이라고 부른다. 뇌졸중, 심근경색, 협심증, 치매 등의 심혈관질환을 일으키기 때문인데, 콜레스테롤이 높은 경우 고혈압 위험이 더 높아지고, 고혈압이 있으면 혈관 내막이 지속적으로 상처를 받아 콜레스테롤이 더 쉽게 쌓이고 혈관은 더 좁아진다. 그런데, 폴리코사놀은 HDL을 높여 혈관 플라크에 쌓인 콜레스테롤을 제거하고 혈관 내강을 넓혀 혈압 조절까지 가능하다는 사실을 한국 식약처로부터 과학적으로 다시 한번 인정을 받은 셈이다. 이런 것을 전화위복이라고 해야 할까. 나 스스로가 죽을 고비를 넘기면서 혈관 건강의 소중함을 그 누구보다 절실히 깨달았고, 폴리코사놀이 혈관을 지키고 만성 질환을 예방할 수 있다는 확신은 더 강해졌다. 나의 이 깨달음을 더 많은 사람들에게 알리고 싶어졌다.

"콜레스테롤이 쌓여 혈관이 더 좁아지기 전에! 혈압이 더 높아지기 전에! 혈관 플라크(혈관 여드름)가 터지기 전에! 터진 플라크 옆이 또 터지기 전에! 폴리코사놀로 혈관을 관리해야 합니다."

만약 사람들이 혈관을 미리미리 관리해서 만성 질환을 예방한다면 질병으로 인한 개인 및 사회의 부담을 훨씬 낮출 수 있고, 삶을 질을 높일 수 있으리라는 생각에 더 열심히 깨달음을 전파해야겠다는 생각과 의지가 솟구치기 시작했다.


## 세계의 재난 코로나19, 쿠바생명공학센터와 새로운 인연을 맺다


그렇게 큰일을 치르고 다시 태어난 듯 나는 새로운 마음으로 일에 집중했다. 그런데, 또 다른 위기가 찾아왔다. 이번에는 단순히 나와 회사의 위기가 아니라 세계적인 위기 상황이었다. 바로, 코로나19 팬데믹이 덮친 것이다. 세계보건기구[WHO]는 2020년 1월 국제적 공중보건 비상사태를 선언했다. 코로나19 바이러스가 막 팬데믹 상황으로 확산되고 있었을 무렵인 2020년 3월, 나와 직원들은 쿠바를 방문했다. 당시 방문의 목적 중 하나는 쿠바생명공학센터[CIGB]를 방문하는 것이었다. 당뇨 족부궤양 치료제인 허버프로트-P[Heberprot-P]의 진행을 위해서였다. 사실 이 제품은 나와 의형제를 맺고 수십 년간 쿠바 사업을 함께 해온 닥터 칼로스가 2013년부터 몇 번이고 나에게 진행을 요청하던 것이었는데, 우리 회사는 의약품을 수입해서 유통을 해본 경험도 없었고 자금 여유도 없어 계속 완곡히 거절해왔었다. 그런데 내가 당뇨 족부궤양 치료제를 해야겠다고 결심을 하게 된 이유는 호주의 약국에서 만났던 어떤 환자의 모습과 오랫동안 당뇨를 관리해온 나 자신의 이야기가 겹쳐보였기 때문이다.

호주에서 만난 한 당뇨 환자는 자신의 썩어들어가는 발을 약사에게 보여주며 좋은 약이 없냐고 물었고, 약사는 미안하지만 약이 없다고 왜 의사에게 가지 않느냐고 환자에게 되물었다. 그 환자분은 의사가 하라는 대로 다 했는데도 이렇게 되었다고 말했다. 그 모습을 지켜보던 나는 그분에 대한 안타까운 마음과 함께 나도 저렇게 될 수 있다는 두려움을 동시에 느꼈다. 나도 이미 1997년에 당뇨병을 진단받았고, 나의 발도 점점 하얀 각질이 떨어지면서 조금씩 갈라지고 있었기 때문이다. 오랜 고민 끝에 당뇨 환자들을 위해 족부궤양 치료제를 진행하기로 결심을 하고, 쿠바와 사업을 진행해오고 있던 바로 그때 코로나19 팬데믹을 맞이하게 된 것이다. 우리나라의 당뇨 인구는 약 600만 명, 전 세계 당뇨병 유병자는 무려 8억 명에 달한다. 우리가 쿠바를 방문했을 당시 코로나19 바이러스가 세계를 본격적으로 위협하기 시작했지만, 이들을 위해서라도 나를 위해서라도 쿠바 방문을 늦출 수 없었다.

당뇨 족부궤양 치료제를 개발하고 생산하는 쿠바생명공학센터는 1986년에 설립된 쿠바의 주요 연구 기관으로 1,500명 이상의 직원이 근무하고 있는 대규모 센터이다. 이곳에서는 의약품과 백신, 진단 키트 등 다양한 생명공학 제품의 연구와 개발, 생산 및 상업화를 담당하고 있었다. 쿠바는 1960년대부터 이어진 미국의 금수조치로 의약품 등의 수급이 끊기자 1980년부터 백신을 비롯한 의약품 개발과 생산 역량을 키워왔다. 1980년 쿠바 아바나의 한 작은 실험실에서 인터페론 개발에 성공한 것을 시작으로, 1986년 쿠바생명공학센터를 중심으로 유전자 재조합 기술을 활용한 의약품 개발을 본격화했다. 그 결과 B형 간염 백신, 폐암 백신 개발에 성공했으며, 특히 당뇨 족부궤양 치료제는 세계 23개국에 등록되었고 약 25만 명에게 사용되어 당뇨로 인한 족부 절단 비율을 약 70% 감소시켰다.

그때까지 우리 회사의 사업은 폴리코사놀을 개발한 쿠바국립과학연구소$^{CNIC}$를 중심으로 진행되어 왔는데, 바이오 강국 쿠바의 핵심 과학기술이 집약된 쿠바생명공학센터$^{CIGB}$를 새로운 파트너로 맞이함으로써 쿠바와의 파트너십은 새로운 단계로 한발 더 나아가게 되었다. 이는 모두 얼마 전 세상을 떠난 형제와도 같은 닥터 칼로스가 만들어준 인연이다. 그가 맺어준 이 인연이 쿠바의 많은 생명들을 어떻게 구하게 될지 그때까지는 나도, 그 누구도 알지 못했다.


## 쿠바의 SOS 요청


계속되는 코로나19 팬데믹 상황으로 호주 집으로 돌아가지 못하고 뜻하지 않게 한국 생활이 길어지게 되었다. 2021년 2월 초 사무실에서 컴퓨터를 켰는데, 쿠바생명공학센터의 에울로지오$^{Eulogio}$로부터 한 통의 메일이 도착해 있었다. 긴급하게 미세여과 슬라이스$^{Sartoncon\ Slice}$와 셀룰로오스 기반의 여과막$^{Hydrosart}$을 구해달라는 부탁이었다. 보통은 직원들에게 알아서 하라고 업무를 위임하는데, 정말 긴박한 상황에서 쿠바가 나에게 보낸 SOS 신호로 느껴졌기 때문에 도대체 그들이 필요하다는 게 무엇인지 나는 바로 구글 검색을 시작했다. 알고 보니 쿠바에서 필요하다는 것들은 백신을 대량 생산할 때 없어서는 안 되는 장비들이었다. 그때까지만 해도 쿠바 정부는 코로나19가 확산되지 않도록 잘 관리하고 있었지만, 자체 개발한 백신을 국민들에게 접종하기 위해서는 대량 생산이 긴급하게 필요한 상황이었던 것이다. 미국과 서방 국가들로부터 고강도의 경제 제재를 받고 있는 쿠바로서는 백신 생산에 필요한 설비들을 외국으로부터 수입하는 게 불가능에 가까울 만큼 힘든 일이었다. 나는 마음이 급해졌다. 만약 코로나가 쿠바에서 확산이 된다면 내가 알고 있는 쿠바 사람들에게도 영향을 미칠 테고, 폴리코사놀과 비즈왁스알코올 생산에도 치명적인 영향을 줄 수 있기 때문이다. 나는 당장 긴급회의를 소집했고, 가격은 묻지도 따지지도 말고 빠르게 그 장비들을 구매해달라고 직원들에게 지시했다. 그리고 진행 상황을 나에게 매주 보고해달라고 요청했다. 백신의 대량 생산에 필요한 장비를 일반 기업에서 구입한다는 건 결코 쉽지 않은 일이다. 게다가 당시는 코로나19가 맹위를 떨치며 세계 각국이 백신을 확보하기 위해 전쟁 아닌 전쟁을 치르던 시기가 아니었던가.

다행스럽게도 곧 쿠바에서 필요로 하는 장비 구입에 성공할 수 있었다. 우리 회사에서 설립한 레이델연구원 덕분이었다. 조경현 원장님이 장비 업체에 여과막의 사용처를 상세하게 설명했고 다행히 구매 허가를 어렵게 얻어냈다. 이제 문제는 시간이었다. 하루하루 쿠바의 코로나19 발병률이 증가했고 사망자들도 늘어나고 있었다. 심지어 2021년 6월부터 쿠바에서 코로나19로 인한 경제 불황을 호소하며 시민들이 대규모 시위를 일으켰다는 뉴스들이 우리 언론에도 소개되기 시작했다. 장비를 구매했지만 쿠바에 도착할 때까지는 5개월의 시간이 더

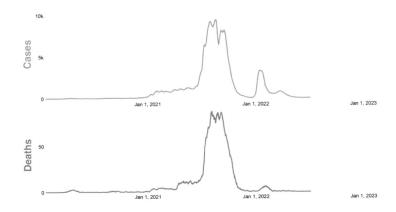

2021~2023년 쿠바 코로나19 환자 수 및 사망자 수 그래프

소요될 예정. 하루하루 가슴을 조이는 긴장의 시간이었다. 마침내 7월 7일 쿠바 아바나 공항에 장비가 도착했다는 연락을 받았다. 그 어느 때보다 기쁜 순간이었다. 지금 생각해보면, 만약 그때 베스트 옵션에 선택하고 집중하지 않았다면 정말 비극적인 결과를 맞이해야 했을 수도 있다. 생각만으로도 아찔해진다. 이 밖에도 나는 코로나19 응급 장비인 의료용 산소발생기와 백신용 주사기 100만 개, KF94 마스크 100만 장을 쿠바에 지원했다. 다행스럽게도 쿠바는 자체적으로 개발한 코로나19 백신의 대량 생산에 돌입했고, 2022년 1월부터 쿠바의 코로나

19 환자 수와 사망률은 드라마틱하게 감소했다.

사실 쿠바는 전 세계에 몇 안 되는 백신 독립 국가 중 하나다. 해외에서 생산된 백신을 구매하지 않고, 자체 개발한 백신만으로 접종률 90%를 달성하여 코로나19 극복에 성공했다. 쿠바에서 개발된 코로나19 예방 백신만 5가지 종류로 그중 압달라<sup>Abdala</sup> 백신은 3회 접종했을 때 92.28%의 예방 효과를 기록했고 세계 최초로 2세 이상 유아를 대상으로 코로나19 백신을 접종하기도 했다. 특히, 쿠바는 자국의 상황이 녹록지 않음에도 세계 27개국에 1,500여 명의 의료진을 파견하여 세계 곳곳의 위험 지역에서 코로나19 환자들을 치료했고 베트남과 베네수엘라 등의 백신 문제를 해결하기도 했다. 쿠바가 코로나19 위기 상황을 성공적으로 극복할 수 있었던 것은 쿠바만이 갖고 있었던 무상 의료 제도와 자체 백신 개발이 가능한 기술력 덕분이다. 그리고 거기에 우리 회사도 조금의 힘을 보탤 수 있었기 때문이라고 생각하면 지금도 뿌듯함과 보람이 느껴진다.

# 더 나은 삶을
# 위하여

2020년 쿠바 출장을 다녀온 후, 코로나19로 장거리 이동이 제한되면서 나는 남산 둘레길에서 가벼운 운동을 시작했고, 6월이 되면서 정상까지 도전하기 위해 계단을 오르기 시작했다. 처음에는 50계단을 넘기지 못하고 숨이 가빠 걸음을 몇 번씩 멈춰야 했다. 틀림없이 심장수술 후유증이라고 생각했다. 그렇게 힘들게 정상에 올랐을 때, 남산도 오르기 힘들 정도의 에너지와 건강을 갖고는 레이델을 더 성장시키기 어렵다는 생각이 들었다. 그 순간 내가 선택할 수 있는 최선의 옵션은 내 건강을 제대로 관리하는 것이었다.

## 건강의 깨달음을 전하고 싶다

그때부터 남산을 몇 번 더 오르고, 북한산, 관악산, 청계산 등 서울에 있는 산들을 차례로 오르며 등산하기 시작했다. 체력은 조금씩 좋아졌고, 이제 큰 산에 도전해도 되겠다는 생각이 들었다. 그해 추석, 설악산 대청봉 등반에 나섰다. 속초에 숙소를 정하고, 다음 날 새벽 3시에 택시를 타고 설악산으로 향했다. 부슬부슬 비까지 내리니 택시 기사분이 나보다 더 걱정이 태산인 것 같았다. 조심하시라는 말을 멀리하고 손전등을 켜서 입구를 살폈다. 어제 낮에 와서 확인했는데도 너무 캄캄해 입구조차 찾을 수 없었다. 간신히 입구를 찾아 조금 올라가니 두 갈래의 길이 나왔고, 나는 어느 길로 가야 할지 쉽사리 판단할 수 없었다. '어떤 길을 가야 할지 모를 땐, 선택하는 걸 잠시 멈추고 어느 길로 가야 할지 더 분명해질 때까지 기다리는 게 더 낫다.'고 나는 생각했다. 누군가 나처럼 대청봉으로 오르는 사람이 길을 알려주리라 생각하면서 가던 길을 멈춰 서 있었다. 아래쪽에서 불빛이 올라오는 게 보였다. 그분들을 뒤따라 산을 다시 오르기 시작했다. 숨이 가빠 산을 오르고 멈추기를 몇 번이나 반복했을까. 서서히 날이 밝아왔다. 햇살이 비친 울긋불긋한 단풍들이 무어라 표현할 수 없을 정도로 아름다웠다. 원래 한계령에서 대청봉까지 대략 4시간쯤 걸리는데, 나는 가다 쉬기를 반복하다 보니 6시간이 걸려 정상에 도착했다. 대청봉에서 내려다본 설악산 풍경은 장엄했다. 한국 산들이 얼마나 아름다운지 새삼 깨달았다. 나는 이후 거의 매주 설악산을 올랐다.

내가 설악산에서 특히 좋아하는 곳은 백담사에서 오세암에 이르는 만해萬海 한용운 선생이 걸었다는 숲길이다. 설악산 백담사 오세암은 만해 한용운 선생의 정신적 고향과 다름이 없는 곳이다. 〈조선 불교 유신론〉과 〈님의 침묵〉을 집필한 장소이기도 하고, 출가한 지 10년이 되던 해 오세암에서 바람에 물건이 떨어지는 소리를 듣고 한순간에 깨달음을 얻고 〈오도송〉을 남기기도 했다.


사나이 가는 곳마다 바로 고향인 것을
몇 사람이나 나그네 시름 속에 오래 젖어 있었나.
한 소리 크게 질러 삼천세계 깨뜨리니
눈 속에 핀 복사꽃이 송이송이 붉구나

만해 한용운 〈오도송悟道頌〉


설악산에서 만해의 길을 걸을 때마다 그의 깨달음에 대해 생각했고, 내가 지난 27년 동안 쿠바를 오가며 공부하고 깨달은 것들에 대해 생각했다. 만해의 길을 통해 나처럼 평범한 사람이 그의 깨달음에 한 걸음 다가가듯, 내가 얻은 작지만 소중한 깨달음을 다른 사람들이 공유해서 더 건강하고 더 나은 세상을 만들 수 있다면 바랄 것이 없을 거 같았다. 나는 혈관을 건강하게 하는 법《깨달음 1》과 위와 관절을 건강하게 하는 법《깨달음 2》를 집필하기 시작했다.

## 깨달음 1,
## 혈관이 좁아지면 혈압은 올라갈까요? 내려갈까요?

고혈압은 '침묵의 살인자'라는 별명을 갖고 있다. 고혈압은 세계보건기구에서 세계 사망 기여도 1위로 꼽았을 정도로 무서운 심혈관질환의 위험 요인이다. 내가 만든 고혈압의 별명은 '저승사자의 경고'다. 뇌졸중, 심근경색, 협심증, 만성 신장질환, 치매 등을 일으키는 원인이 되기 때문이다. 그런데, 놀라운 것은 사람들이 정작 이 고혈압을 일으키는 주요 원인에 대해서는 잘 모르고 있다는 점이다. 한때 나는 사람들을 만날 때마다 이런 질문을 던지곤 했다.

"혈압이 높아지는 원인을 아세요?"

나의 질문에 대해 백이면 백, 대부분의 사람들은 "글쎄요…. 잘 모르겠는데, 고혈압의 원인은 아직 모르는 거 아닌가요?"라고 답했다. 지식이 좀 있다 하는 사람들은 짠 음식이나 비만, 가족력 등을 원인으로 꼽기도 했다. 택시를 탔을 때에도, 식당을 갔을 때에도, 사업상 미팅 자리에서도, 언제 어디든 새로운 사람들을 만날 때마다 나의 질문 공세는 계속되었다. 결과는 모두 땡! 내가 생각하는 답은 그게 아니었다. 그럴 때면, 나는 사람들에게 던지는 질문을 살짝 바꾼다.

"혈관이 좁아지면 혈압은 올라갈까요? 내려갈까요?"
"그거야 당연히 올라가죠!"

사람들은 뭘 그렇게 당연한 걸 물어보냐며 쉽게 대답하다가 어느새 무릎을 탁 친다. "아, 맞네. 혈관이 좁아지면 당연히 혈압은 올라가는구나." 그렇다. 혈관이 좁아지면 혈압은 높아진다. 혈관이 좁아지는 것은 혈압이 높아지는 주요 원인 중 하나이다. 녹슨 수도관을 생각하면 이해하기가 쉽다. 수도관이 녹이 슬면서 수도관이 점점 막히면 물

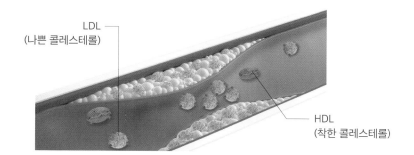

LDL
(나쁜 콜레스테롤)

HDL
(착한 콜레스테롤)

산화된 나쁜 콜레스테롤 LDL은 혈관 내막에 콜레스테롤을 쌓고 플라크를 형성하여 혈관을 좁게 만든다. 이때 착한 콜레스테롤 HDL은 혈관 내막에 쌓인 잉여 콜레스테롤을 몸 밖으로 배출시킨다.

은 좁은 길을 통해 더 높은 압력으로 흐를 수밖에 없다. 혈압은 혈액이 흐를 때마다 안쪽 혈관이 받는 압력을 말하는데, 혈관이 좁아질수록 더 높은 속도로 혈액이 흐르기 때문에 혈관이 받는 압력이 높아져 혈압도 높아진다.

혈관이 좁아지는 원인은 콜레스테롤이 혈관 내막에 쌓이기 때문이다. 원래 콜레스테롤은 세포막의 주요 구성 성분이고, 호르몬과 비타민D를 만드는 필수 성분이다. 하지만, 콜레스테롤이 혈관에 쌓이면 혈관을 망치는 악당으로 변하고 만다. 콜레스테롤이 혈관 내막에 쌓이면 혈관 플라크(혈관 여드름)가 만들어지고, 혈관 플라크가 커질수

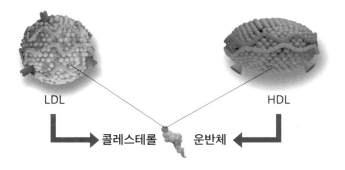

LDL                        HDL

콜레스테롤     운반체

록 혈관은 점점 좁아져 고혈압의 발병 위험이 높아진다. 혈관 플라크로 인해 혈관이 막히거나, 혈관 플라크에서 떨어져 나온 혈전이 혈관을 막으면 뇌경색이나 심근경색으로 사망에 이를 수도 있다. 혈관 속에 콜레스테롤이 쌓이지 않도록 하거나, 혈관 플라크에 쌓인 콜레스테롤을 치울 수 있다면? 고혈압도 심혈관질환도 예방할 수 있다. 그러기 위해서는 콜레스테롤 청소부 HDL이 많이 필요하다.

HDL이 콜레스테롤 청소부라고 불리는 이유는 혈관 속에 남아도는 콜레스테롤이나 혈관 내막에 쌓인 콜레스테롤을 몸 밖으로 배출하는 유일한 대사경로이기 때문이다. 콜레스테롤은 물에 녹지 않는 성질을 가지고 있어서 혈액에 실려 필요한 곳으로 이동하기 위해서는 특별한 운반체가 필요하다. 그것이 바로 LDL과 HDL이다. LDL은 콜레스테

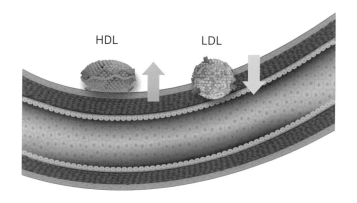

HDL  LDL

혈관을 건강하게 유지하려면 HDL을 높이고 LDL은 낮춰야 된다.

롤을 싣고 각 세포와 조직에 전달하는 역할을 하고, HDL은 사용하고 남거나 쌓여서 혈관을 막히게 만드는 콜레스테롤을 간을 되돌려 보내거나 몸 밖으로 배출하는 역할을 한다. 즉, HDL은 혈관 내막에 있는 콜레스테롤을 제거하여 혈관 내경을 넓히고 혈압을 낮추는 데 도움을 준다.

고혈압을 예방하고, 심혈관질환을 예방하기 위해서는 LDL콜레스테롤은 낮추고, HDL콜레스테롤은 높여야 한다. 여기까지 얘기를 진행하면, 그다음은 이런 질문이 따라 나온다.

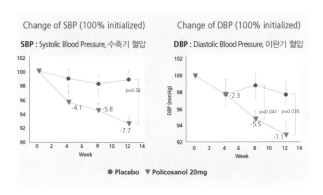

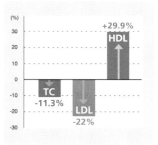

폴리코사놀은 HDL을 높이고 LDL을 낮추어 콜레스테롤을 개선시키고, 수축기 및 이완기 혈압을 개선시킨다(인체 적용시험 결과).

"그렇다면, 어떻게 HDL을 높일 수 있나요?"

많은 전문가는 이 질문에 대해 꾸준한 유산소 운동과 건강한 식습관이 도움이 된다고 설명한다. 그런데 내가 찾은 답은 매우 분명하다. 바로, 쿠바산 폴리코사놀이다. 쿠바국립과학연구소에서 발명한 폴리코사놀은 SCI급 과학 저널에 100여 편 이상의 논문이 실렸을 정도로 콜레스테롤 수치 개선 및 혈압 개선 효과를 과학적으로 검증받아 왔다.


## 깨달음 2,
## 통증 막으려면 세포 손상부터 막아야


나이가 들수록 잘 먹고 잘 걷는 것이 얼마나 중요한지 매일매일 절감하게 된다. 나이가 들어서 겪게 되는 만성 통증은 활동 장애를 일으키고 이로 인해 정서적 변화도 초래하며 삶의 질을 저하하는 데 큰 영향을 미친다. 65세 이상 한국인의 160만 명은 무릎 관절증을, 120만 명은 위염 및 십이지장염을 갖고 있다고 한다. 속 아프고 관절 아픈 사람들을 찾아 멀리 갈 필요도 없다. 주위에 내 또래이거나 심지어 나보다 훨씬 젊은 사람들도 속이 아프거나, 관절이 아픈 사람들이 수두룩하다. 아프지 않으려면 어떻게 해야 할까? 통증의 원인을 제대로 알아야 막을 수 있다는 게 나의 생각이다. 통증은 염증에서 비롯된다.

대표적인 통증 부위인 관절과 위를 예로 들어보자. 관절과 위는 스

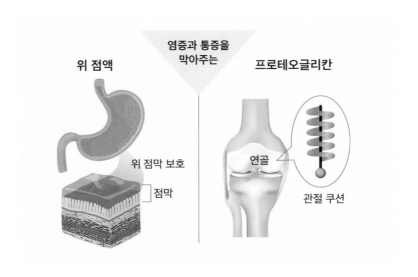

염증과 통증을 막아주는

위 점액 / 프로테오글리칸

위 점막 보호

점막

연골

관절 쿠션

스로를 보호하는 각각의 방어막을 갖고 있다. 관절의 방어막은 프로테오글리칸이며, 위의 방어막은 위 점액이다. 프로테오글리칸은 관절이 받는 충격을 스프링처럼 흡수해서 연골을 보호하고 연골의 파괴를 막는다. 위 점액은 위 점막층을 둘러싸 강한 위산으로부터 위를 보호한다. 그런데, 어떤 이유에서 프로테오글리칸이 감소하면 관절 염증의 원인이 되고, 위 점액의 감소는 위염 및 위궤양의 원인이 된다. 위 점액과 프로테오글리칸은 왜 감소할까? 이 질문에 대한 답을 찾기 위해서는 또 다른 질문을 하나 던지고 시작해야 한다. 이 역시 내가 수많은

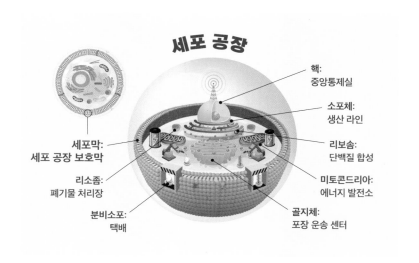

세포 공장

핵:
중앙통제실

소포체:
생산 라인

리보솜:
단백질 합성

미토콘드리아:
에너지 발전소

골지체:
포장 운송 센터

분비소포:
택배

리소좀:
폐기물 처리장

세포막:
세포 공장 보호막

사람들에게 던졌던 질문이다.

"손톱이나 머리카락은 무엇이 만드나요?"

어쩌면 뜬금없어 보이는 이 질문에 대한 사람들의 대답이야말로 각양각색, 제각각이다. 단백질이라는 사람도 있고, 케라틴이라는 사람도 있다. 물론 단백질이나 케라틴이 이들의 구성성분인 것은 맞다. 그러나 내 질문의 의도는 무엇이 손톱과 머리카락 등 우리 몸에 필요한

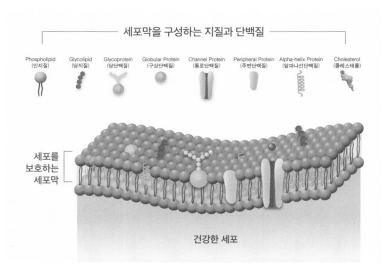

Phospholipid (인지질)　Glycolipid (당지질)　Glycoprotein (당단백질)　Globular Protein (구상단백질)　Channel Protein (통로단백질)　Peripheral Protein (주변단백질)　Alpha-helix Protein (알파나선단백질)　Cholesterol (콜레스테롤)

세포를 보호하는 세포막

건강한 세포

튼튼한 세포막을 형성해 활성산소로부터 세포를 건강하게 지켜내는 지질단백질.

조직들을 만들어내는가 하는 것이다. 나는 사람들에게 이렇게 답을 해 준다.

"손톱도, 머리카락도 인체의 공장인 세포가 만듭니다."

그렇다. 머리카락부터 눈, 손톱, 발톱은 물론이고 우리 몸을 지탱 해주는 골격까지 평균 60조 개에 달하는 인간 세포에 들어 있는 정보

258

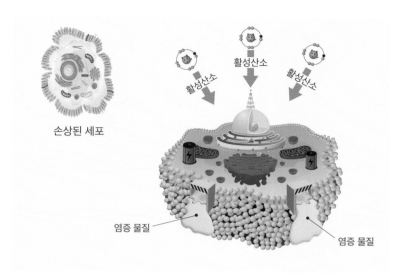

손상된 세포

활성산소

활성산소

활성산소

염증 물질

염증 물질

활성산소에 의해 손상된 세포 공장.

를 통해 만들어진다. 위를 보호하는 위 점액도, 관절을 보호하는 프로테오글리칸도 모두 인체의 공장이라고 불리는 세포에서 만들어진다. 그런데, 만약 세포가 손상을 입으면 어떻게 될까? 연골 세포가 손상을 입으면 프로테오글리칸이 생성되는 속도보다 분해되는 속도가 빨라지며 관절염이 진행되고, 위 점액 세포가 손상되면 위 점액 생성이 감소하면서 위를 보호하던 막이 파괴되고 위염과 통증으로 이어질 수 있다.

세포는 활성산소로부터 매일 10만 번 이상 공격을 받는다고 알려져

## 건강한 세포

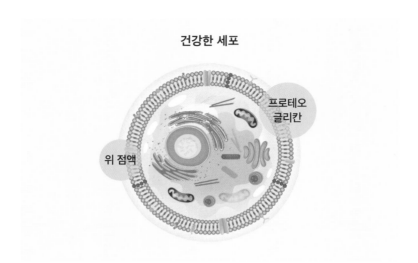

세포가 건강해야 위와 관절에 필요한 양질의 위 점액과 프로테오글리칸을 충분히 생산할 수 있다.

있다. 더욱이 공격을 받은 세포가 다른 정상 세포를 공격해 세포 손상의 도미노 현상이 벌어지기도 한다. 관절염과 위염을 비롯해서 인체의 염증을 예방하기 위해서는 각각의 보호막을 제공하는 세포들이 산화되거나 손상되지 않도록 하는 것이 중요하다. 이것이 바로, 세포 항산화이다. 세포는 지질과 단백질로 이뤄진 세포막으로 보호를 받는데, 세포의 손상을 막기 위해서는 세포막의 지질과 단백질에 대한 항산화가 필요하다.

## 항산화·관절 건강·위 건강
## 3중 기능성 원료 '비즈왁스알코올'

지난 27년간 쿠바를 수십 차례 방문하면서 가장 인상적이었던 것 중 하나는 쿠바 노인들은 하나같이 활동적이라는 점이다. 음악이 나오면 어디서든 춤을 추고, 심지어 아바나의 어느 클럽에서 내가 만났던 102세 할머니도 손녀딸과 함께 춤을 추고 계셨다. 이들은 자신들의 비결로 '비즈왁스알코올'을 꼽았다. 비즈왁스알코올은 쿠바의 벌집 밀랍 왁스에서 추출 정제한 건강기능식품 원료로, 세포막의 지질단백질의 산화를 막아 세포를 건강하게 한다. 위에서는 위 점액을 만드는 세포를 건강하게 해서 위 점액을 증가시켜 위 점막을 보호하고, 연골 세포를 건강하게 해서 포로테오글리칸 감소를 막아 관절 건강을 근본적으로 개선시킨다는 것이다.

비즈왁스알코올은 한국 식약처에서 단일 원료로 항산화, 관절 건강, 위 건강 기능성을 모두 인정받았다.

쿠바국립과학연구소의 연구에 따르면, 비즈왁스알코올을 매일 100mg씩 섭취했을 때 세포의 산화가 25% 감소했으며, 활성산소에 대항하는 총항산화능$^{TAS}$은 약 22% 증가했다. 비타민C와 코엔자임Q10

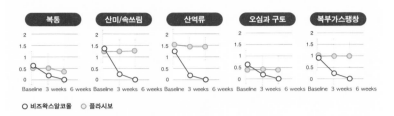

비즈왁스알코올의 인체 적용시험 - 위장관 현상을 가진 대상에 대한 효과

○ 비즈왁스알코올    ○ 플라시보

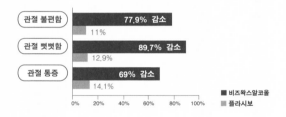

비즈왁스알코올의 인체 적용시험 -
골관절염 현상에 대한 비즈왁스알코올의 효과 평가

은 대표적인 항산화 물질로 꼽히는데, 비즈왁스알코올은 코엔자임 Q10보다 2.7배 더 높은 활성산소 제거 능력을 보였으며, 비타민C보다 혈액 내 지질단백질에 대해 더 우수한 항산화 활성을 나타냈다고 한다.

관절염이나 위염은 세포막의 지질단백질이 산화 손상되면서 이로 인해 염증과 통증이 복합적으로 나타나는 질환인데, 비즈왁스알코올의 강력한 항산화 기능은 이들 질병을 예방하고 염증을 억제하는 데 도움이 된다는 것이 연구소의 설명이다. 실제로 비즈왁스알코올은 6주간의 인체 적용시험을 통해 관절 통증, 관절 뻣뻣함, 관절의 물리적 기능 개선 효과를 확인받았으며, 복통, 속 쓰림, 위산 역류, 오심, 구토, 복부 가스 팽창 등의 위장관 증상이 70% 이상 개선되는 것도 확인됐다.

# 쿠바와 우리는
# 친구이며 가족!

전 세계적으로 여전히 코로나19 바이러스가 맹위를 떨치던 2021년 12월. 다행히도 쿠바는 안정적으로 코로나19 상황을 컨트롤하고 있었고, 나를 비롯한 우리 회사 임직원들을 쿠바 아바나로 초대했다. 그곳에서 우리는 정말 잊을 수 없는 선물을 받았다. 진심을 담아 제작한 두 개의 감사패였다.

코로나19 팬데믹 기간에 우리가 쿠바에 보내준 도움이 수많은 쿠바인들의 삶을 안전하게 지켜준 것에 대해 감사하다는 문구와 함께 우리는 친구이며 가족이라고 적혀 있었다. 그들의 진심이 가슴으로 와닿았다. 힘든 고비를 넘기면서 진정한 친구가 누구인지를 깨닫게 되는 인

생의 순간들이 있다. 나와 쿠바, 쿠바와 레이델은 코로나19라는 예기치 못했던 재앙에서 오히려 더 단단한 친구로, 더 커다란 대가족이 될수 있었다. 쿠바에서 바라보는 이병구와 레이델의 지위와 중요도는 이전과는 비교가 불가할 정도로 달라져 있었다. 단순한 외국의 거래 기업 이상의 무게로 우리를 극진히 대했다. 쿠바와의 관계가 더 깊어진만큼 함께 추진하는 다양한 사업들도 속도를 내기 시작했다. 쿠바국립과학연구소와 다양한 투자 및 사업에 대한 의견들을 교환했고, 쿠바수석 부통령 호르헤 루이스 페르도모Jorge Luis Perdomo로부터 초청을 받기도 했다. 그뿐만 아니라, 바이오쿠바파마의 사장과도 저녁 만찬을 함

께 하면서 의형제를 맺기도 했다. 나는 그 자리에서 우리 삶은 태양이나 지구의 나이에 비해 너무나 짧다고 운을 뗀 후, 행복을 위해서 건강해야 하고, 건강을 위해서는 혈관 플라크가 터지지 않도록 장수인자 HDL을 높여야 하며, HDL을 높이려면 쿠바산 폴리코사놀을 섭취해야 한다고 설명하면서 모두에게 조금 특별한 건배사를 제안했었다.

"장수인자 HDL을 높이기 위해 쿠바산 폴리코사놀을 섭취해야 합니다."

그 자리에서 건배사를 함께한 에드와르도[Edward]는 폴리코사놀에 대한 나와 직원들의 열정에 감동을 받았다면서, 앞으로 새로운 국가들에서 진행되는 폴리코사놀에 대한 모든 판권을 우리에게 주겠다고 제안했다. 쿠바국립과학연구소와 레이델의 조인트 벤처 논의가 급물살을 타기 시작했다.

## 다시 학부모가 되다

2022년 3월, 쿠바국립과학연구소와 함께 추진해왔던 조인트 벤처에 대한 양해각서$^{MOU}$를 체결하기 위해 쿠바로 향했다. 그동안 한국과 일본에서 진행되어온 폴리코사놀에 대한 연구 결과를 쿠바 과학자들 앞에서 발표하는 중요한 자리들도 약속되어 있었다. 특히 이번 출장에는 나의 아들 제이슨이 호주 레이델의 제너럴 매니저 자격으로 동행했다. 제이슨은 나와 함께 쿠바와의 미팅을 주도 했다. 조인트 벤처에 대한 양측의 이견을 좁히기 위해 며칠째 팽팽한 긴장감 속에 미팅이 계속되고 있었는데, 갑자기 아들이 나와 아내를 온라인 채팅방으로 초대했다. 그러고는 자신이 하버드대학교 MBA 과정에 합격했다는 메시지를 올렸다. 나의 답은 매우 심플했다.

"Congratulation, 축하해."

나는 아들의 뉴스는 잊어버린 채 쿠바와의 조인트 벤처 미팅에 집중했고, 다행히 지난한 회의는 좋은 결과를 맺어 성공적으로 쿠바국립과학연구소와 양해각서를 체결했다. 뿌듯한 결과물이었다. 동행했던 직원들과 함께 이탈리아를 경유해서 귀국길에 올랐다. 이탈리아에 잠시 경유하면서 산 칼리스토의 카타콤바<sup>Catacomb of San Callisto</sup>에 들렀을 때, 아들이 다시 한번 하버드대 MBA 합격 소식을 전하며 앞으로 공부에 집중하려면 회사 일을 많이 줄여야 하는데 괜찮겠냐고 질문했다. 그때까지 나는 별생각 없이 그저 아들이 공부를 하겠다니 최선을 다해서 지원해주겠다고 대답했다. 그런데 나와 아들의 대화를 옆에서 듣고 있던 레이델연구원 조경현 원장이 깜짝 놀라며 진짜 하버드대 MBA에 합격한 것이 맞느냐며 몇 번이고 질문을 하는 것이 아닌가. 제이슨이 그렇다고 대답하자 원장은 마치 자기 아들 일처럼 기뻐하며 축하해주었다. 그는 그 순간까지도 그저 어리둥절해 있는 나를 보더니 하버드대 MBA 입학이 얼마나 어려운지, 합격이 개인적으로 얼마나 큰 영예인지 나에게 차근차근 설명해줬다. 그제야 만감이 교차하며 감동이 밀려왔다. 그때의 감동은 지금도 말로 표현하기가 힘들다. 나의 학력은 중학교 졸업장이 끝이다. 배움에 대한 열망은 누구보다 뜨겁고 간절했지만 가난했기에, 먹고 살아야 했기에 학업을 계속할 수 없었다. 학벌이 전부는 아니지만 학업을 포기한 것에 대한 아쉬움과 결핍은 옹이가 되어 항상 내 가슴 한편에 박혀 있었다. 눈물이 왈칵 올라왔다.

아들 제이슨이 대학생 때, 서울에서 일을 하고 있는 나를 따라 한국에 몇 달간 머문 적이 있었다. 호주에서 태어나고 자란 아들은 그 기간을 이용해서 한국어도 배우고 한국 회사 생활도 경험했다. 그때 아들이 나에게 했던 이야기가 지금도 기억난다.

"아빠, 사실 저는 그동안 공부를 열심히 해야겠다는 생각이 별로 없었어요. 그런데 한국에서 이렇게 잠시도 쉴 틈 없이 일하시는 아빠를 옆에서 직접 보니까 저도 호주에 돌아가서 열심히 해야겠다는 생각이 들어요."

그때만 해도 어리다고만 생각했던 아들의 말에 내 삶을 아들에게 인정받았다는 뿌듯함을 느꼈던 기억이 난다. 아들은 자신의 말을 지켰다. 호주에 돌아와 공부에 열중했고, 최고의 성적으로 대학을 졸업했다. 그것만으로도 나는 너무 감사했다. 그런데 하버드라니! 물론, 누군가가 보기에는 아들은 아들 인생이 있는데 그걸 가지고 뭐 그리 대단한 거라고 떠느냐 할 수도 있지만, 학업에 대한 나의 갈망이 아들을 통해서나마 조금 해소되는 것 같았고, 나의 꿈이 대신 이뤄진 거 같았다. 그동안 노력했을 아들이 한없이 고맙고 대견스러웠다.

## 다시 절망의 늪에서 실낱같은 희망을 걸고

쿠바를 찾는 대부분의 여행객은 올드카 앞에서 사진을 찍는다. 형형색색의 올드카와 함께 찍은 사진 한 장은 체 게바라와 함께 쿠바의 또 다른 상징이 되기도 했다. 그런데 사실 속내를 알고 보면 여기에는 쿠바의 슬픈 현실이 담겨 있다. 미국을 비롯한 서방 세계로부터 오랫동안 경제 제제를 받아온 탓에 신형 자동차는 언감생심, 쿠바인들은 여기저기 중고 폐차에서 떼어낸 사이드미러, 바퀴, 핸들을 이리저리 조립해서 직접 올드카를 수리해서 타고 다닌다. 이렇듯 쿠바에서 물자 부족은 그야말로 일상다반사다.

폴리코사놀을 생산하는 쿠바 공장의 상황도 예외는 아니다. 언제부터인가 공장에서의 원료 생산량이 우리의 주문량을 따라잡지 못하고 있었다. 원료가 충분하게 공급되지 못하고 제품을 충분히 판매할 수 없다면 우리가 목 터지게 깨달음을 알린들, 마케팅에 돈을 쏟아부은들 무슨 소용이 있을까. 나는 뭔가 심각한 문제가 있음을 직감하고 2022년 3월 아바나에서 620km나 떨어진 마히바코아<sup>Majibacoa</sup> 원료 공장을 직접 방문했다. 상황은 생각보다 더 녹록치 않았다. 폴리코사놀은 쿠바에서 생산된 사탕수수 줄기와 잎의 왁스를 추출하고, 그 왁스를 아바나에 있는 공장으로 옮겨 다시 여러 번의 정제 과정을 거쳐 생산된다. 우리가 방문한 공장은 사탕수수에서 폴리코사놀의 첫 원료가 되는 왁스를 추출 정제하는 곳이었다. 공장의 장비들이 노후화되면서 원료 생산량이 급감하고 있었던 것이 문제의 원인이었다. 원인을 알았으니 이제 어떻게든 이 문제를 조속히 해결해야만 했다. 쿠바국립과학연구소의 훌리오와 라파엘에게 장비를 교체하는 데 드는 시간과 비용을 빨리 알려달라고 요청했다. 장비를 구매해 교체하는 시간은 약 2년, 투자 금액은 약 4백만 달러가 든다는 답변을 받았다. 이 답변을 듣자마자 나는 두 가지 생각이 떠올랐다.

첫 번째, 쿠바인들의 말로 2년이 걸린다고 하면 실제로는 6년이 걸릴 수도 있겠다는 것. 내가 이런 생각을 한 이유는 쿠바 호텔에서 수도가 고장 났을 때 바로 고쳐주겠다는 직원의 말과는 달리 내가 쿠바에 머무는 동안 결국 수도가 고쳐지지 않았던 나의 개인적인 경험들 때문이었다. 만약 원료 공급에 지속적으로 차질이 빚어진다면 폴리코사놀 원료가 부족한 만큼 우리 회사는 적자를 감수할 수밖에 없는 상황에 내몰리게 된다. 두 번째로 든 생각은 회사를 믿고 투자한 직원들에 대한 걱정이었다. 투자에 대한 설명을 하는 자리에서 나는 직원들에게 위험성에 대해서도 솔직하게 경고했었다.

"2021년 8월 쿠바 뉴스를 보시면 코로나19로 인한 경제적 어려움으로 아바나에서 대규모 시위가 일어났다는 걸 알 수 있을 겁니다. 절대 사탕발림 같은 나의 말에 현혹되어 투자하지 마시고 잘 선택해서 판단하면 좋겠습니다."

사실 말은 이렇게 하면서도 우리가 보내준 백신 생산 장비들을 통해 쿠바에서 코로나19 백신이 성공적으로 생산되고 접종이 이뤄지기 시작하면 쿠바의 상황이 나아질 수 있을 거라는 믿음이 나에게는 있었다. 직원들의 반응은 너무 뜨거웠다. 너도나도 투자의향서에 사인을 했다. 새로이 입사한 직원 몇 명을 빼고 거의 90% 이상이 투자를 신청했다. 나를 믿고 회사의 미래를 믿고 모아두었던 돈들을 어렵게 투자했을 터였다. 그런데 만약 폴리코사놀 원료 생산이 멈춘다면 우리의 모든 영업 활동은 타격받을 수밖에 없고, 이는 회사에 투자해준 직원들에게도 엄청난 손해를 끼칠 수 있는 일이 된다. 원료 생산이 멈추면 우리도 멈추어야 하는 상황이나 마찬가지였다. 나는 어떻게 해서든 실낱같은 빛과 희망, 베스트 옵션을 찾아야 했다.

망설일 시간이 없었다. 당장 쿠바와 협의를 시작했고, 왁스 공장을 관장하고 있는 아주쿠바^AZCUBA에서 150만 달러를 지원하고, 우리 회사에서 250만 달러를 투자해 원료가 증산되었을 때 이를 원료로 받기로 계약을 체결했다. 선택을 했으니 그다음은 선택이 최선이 될 수 있도록 집중만 하면 된다. 나는 2년 안에 이 모든 상황을 해결하기 위해 집중하겠다고 결심했다.

## 나는 쿠바 사람들에게 희망을 선물하고 싶다

2022년 9월, 최고 풍속 200km의 초강력 허리케인 '이안'이 쿠바에 상륙했다. 마침 나와 직원들은 제1회 천연물 제품 국제심포지엄에 참석하기 위해 쿠바를 방문했다. 당시 아바나에서 우리가 마주한 풍경은 실로 처참함 그 자체였다. 나무와 전신주는 뿌리째 뽑혀 도로 위에 누워 있었고, 64만여 가구에 전기 공급이 끊겨 밤이 되면 도시는 암흑천지로 변했다. 호텔을 제외한 모든 곳에서 마실 물조차 구하기 쉽지 않은 상황이었다. 악천후 속에 개최된 탓에 원래 참석하기로 했던 300여 명 가운데 절반 정도의 인원만 참석한 가운데 심포지엄은 시작되었고, 9명의 의사 및 과학자들이 폴리코사놀을 포함한 천연물 제품에 대한 학술적 연구 성과들과 미래의 방향에 대해 발표를 이어갔다. 그러나 학자들의 열의와는 별개로 허리케인으로 인한 피해 상황이 심각한 가운데 심포지엄의 분위기는 침울할 수밖에 없었다. 나는 20년이 넘는 시간 동안 쿠바와 쿠바인들이 키워낸 사탕수수, 그 사탕수수가 선물한 폴리코사놀을 주력으로 사업을 해왔고 나름 성공도 거두었다고 생각한다. 안 그래도 경제적으로 힘든 쿠바에 엎친 데 덮친 격으로 자연재해까지 발생한 상황, 나는 쿠바인들을 위해 내가 할 수 있는 무언가를 하고 싶었다. 나는 원래 발표자에 포함되어 있지 않았지만, 손을 들고 나의 깨달음을 발표하고 싶다고 사회자에게 요청했다. 다행히 즉석에서 나의 요청은 받아들여졌다. 나는 우선 띄엄띄엄 앉아 있는 참석자들을 앞으로 모여 달라고 부탁했다. 그리고 100여 명을 대상으로 폴리코사놀이 고혈압과 심혈관질환을 예방할 수 있다는 과학적 근거들로 이뤄진 《깨달음 1》을 발표했다. 당신들 쿠바인들이 만든 폴리코사놀이 과학적으로 얼마나 위대한 제품인지, 100세 시대를 맞이한 인류에게 얼마나 큰 희망이 될 수 있는지 열과 성을 다해 설명했다. 프레젠테이션을 진행하는 동안 마주친 청중들의 눈빛에서 아까와는 사뭇 다른 분위기를 읽을 수 있었다. 나는 그것을 감히 '희망'이라고 말하고 싶다. 발표가 끝났을 때 모두가 일어서 박수를 보내며 환호했고, 나에게 다가와 고마움과 칭찬의 말을 아끼지 않았다. 나는 작은 희망이라도 안

겨줄 수 있어 마냥 뿌듯했다.

그날 저녁. 쿠바국립과학연구소 팀원들과 저녁 식사를 약속했다. 그런데, 약속 시간이 지나도 아무도 나타나지 않았다. 어떻게 된 일인가 의아했지만, 우리 직원들과 함께 저녁 식사를 마무리했다. 그 이유는 다음 날 알게 되었는데, 어제 나의 프레젠테이션으로 갑자기 폴리코사놀 주문이 몰려 너무 바빠서 저녁 식사에 참석할 수 없었다는 것이었다. 반갑고 또 너무 고마운 소식이었다. 이후, 쿠바의 부통령이나 바이오쿠바파마 사장을 만나 폴리코사놀에 대한 나의 깨달음 속에 쿠바의 희망이 있다고 설명하고, 심각한 폴리코사놀 원료 부족에 대해 관심을 갖고 해결해줄 것을 강력하게 요구하고 부탁했다.

## 단 10분을 위해 준비한 9시간

같은 해, 나는 직원들과 함께 스페인 출장길에 올랐다. 출장 중 쿠바로부터 반가운 전화가 걸려 왔다. 쿠바 총리가 북경을 방문하는데, 나와 레이델을 위해 30분 정도 미팅 시간을 할애할 수 있다는 것이다. 좀체 풀리지 않던 폴리코사놀 원료 생산에 박차를 가하기 위해 절호의 찬스가 될 것 같았다. 나는 그 자리에서 북경으로 가기로 결정했고, 어떻게 하면 그 짧은 시간을 효율적인 만남으로 만들지 궁리하기 시작했다. 서로 만나서 악수하고 인사말을 나누고 의례적인 말들을 주고받다 보면 30분이 눈 깜짝할 사이에 지나가버릴 것 같았기 때문이다. 어쩌면 나에게 주어진 시간은 10분 남짓에 불과할지도 모를 일이다. 두바이를 경유해서 북경으로 향하는 비행기에서 나는 9시간 동안 계속 깨어 있었다. 모두가 잠들었지만 나는 편히 잠들 수 없었다. 나에게도 우리 회사에도 너무 중요한 기회였기 때문이다. 나는 비행기의 작은 조명에 의지한 채, 심장 수술 후 만든 《깨달음 1》 폴리코사놀 프레젠테이션을 짧게 축약하는 작업에 전력을 다했다. 짧은 시간에 쿠바 총리를 설득하고 사로잡아야 한다고 생각했다.

나는 만남의 자리에서 결연한 자세로 피델 카스트로가 쿠바 국민들에서 무상 공급했고 세계에 그토록 알리고 싶어 했던 바로 그 물질에 대해 프레젠테이션하고 싶다고 말하고 나에게 10분만 시간을 달라고 요청했다. 흔쾌히 승낙한 쿠바 총리는 혼신의 힘을 다해 설명하는 나의 이야기를 집중해서 들어주었다. 10여 분에 걸친 발표가 끝난 후 잠깐 정적이 감돌더니 총리가 벌떡 일어나 박수를 쳤다. 그는 쿠바 사람도 아닌 내가 그렇게 열심히 마음 써준 것에 대해 진심으로 고맙다며 정부 차원에서 지원하겠다고 약속했다.

2022년 11월 북경에서 마누엘 마레로 크루즈 쿠바 총리와의 만남

나의 열정과 진심이 통했던 것일까. 얼마 후 쿠바 대통령이 폴리코사놀의 원료 공장을 직접 방문해서 직원들을 격려하고 생산량 증가를 독려했다는 소식이 쿠바 뉴스를 통해 한국에까지 전해졌다. 이런 노력의 결과로 2024년 여름부터 원료 생산량이 5배 이상 증가했고, 폴리코사놀 원료 부족 문제는 드디어 해결의 기미를 보이기 시작했다. 올해부터는 예전보다 10배 이상의 원료 생산이 가능해진다.

베스트 옵션. 순간순간 혹은 과정마다 최선의 선택을 하면 최고의 결과로 이어진다. 몇 년 전 원료 부족이라는 위험을 감지했을 때 과감한 설비 투자를 선택했고, 단 한 순간의 기회라도 놓치지 않기 위해 누군가를 감동시킬 수 있는 최선의 메시지를 선택했다. 이렇게 여러 번에 걸친 최선의 선택들이 이어졌기에 최고의 결과물을 가져올 수 있었다고 생각한다. 무엇이 최고의 결과물이었냐고 묻는다면, 원료 부족으로 자칫 시장에서 혹은 역사에서 사라질 위기에 처했던 폴리코사놀을 되살려 현재와 미래의 인류에게 다시 선물한 것이라고 말하고 싶다. 지금 우리는 어느 때보다 세계 사망 원인 1위로 꼽히는 심혈관질환을 예방해야 하는 큰 숙제를 안고 있고, 폴리코사놀이야말로 이 숙제를 해결할 최고의 선택이라고 믿기 때문이다.

## '장수인자 HDL 심포지엄'을 개최하다

2023년 8월 28일은 40년간 건강식품 기업을 운영해온 나의 인생에서 결코 잊을 수 없는 날이다. YTN 사이언스가 개최하고 레이델이 후원한 제1회 〈장수인자 HDL 심포지엄〉이 개최된 날이다. 심포지엄을 성황리에 마친 후 나는 한동안 자리에서 움직일 수 없었다. 그만큼 감격스러운 날이었다. 텍사스대학교 심장학과 아난드 로하트기 교수, 텍사스대학교 테오도로스 켈레시디스 교수, 미시간대학교 안나 쉰데만 교수, 후쿠오카대학교 우에하라 교수, 레이델연구원 조경현 원장, 이탈리아 파르마대학교 프란체스카 지메티 교수, 쿠바국립과학연구소 사라이 멘도자 박사, 쿠바국립신경과학연구소 하비에르 박사 등 그야말로 세계에서 내로라하는 전문가들이 한자리에 모였다. 한 분 한 분, 우리가 직접 초청한 심혈관질환 HDL 분야 최고의 석학들이었다. 심포지엄이 진행되는 동안 300석이 넘는 좌석은 학자들과 언론인들로 가득 메워졌고, 그 열기 또한 그 어느 때보다 뜨거웠다.

이날 심포지엄 최고의 결과물은 단연 '장수인자 HDL'이라는 새로운 개념을 정립시킨 것이었다. 태양이나 지구의 나이에 비하면 티끌과도 같은 짧은 인생, 행복한 인생을 만들기 위해서는 건강은 그야말로 필요충분조건이다. 현재 인류 건강에 가장 큰 걸림돌이 되는 것은 심혈관질환이며, 이를 해결하기 위해서는 고혈압을 예방하고 혈관을 건강하게 하는 HDL 수치를 높여야 한다. 100세 넘게 살았던 최고의 현역 투자자 어빙 칸 회장 가족들과 세계 5대 장수촌으로 꼽히는 중국 바마 마을 노인들의 공통점은 HDL 콜레스테롤 수치가 높다는 것이었다. 이쯤 되면 HDL은 단순히 콜레스테롤을 청소하는 운반체가 아니라, 장수인자라는 타이틀을 당당히 달아도 되지 않을까?

여기까지 이야기를 들으면 사람들은 이런 의문을 가지게 된다. '그러니까 도대체 어떻게 장수인자 HDL을 높이라는 거지?' 과학적으로 검증된 정답 중 하나는 쿠바산 폴리코사놀이다. 인체 적용시험을 비롯해서 모두 100여 편이 넘는 국제 학술지에 게재된 논문들이 이를 뒷받침해주고 있다. 제1회 장수인자 HDL 심포지엄에 참석한 많은 학자와 전문가들이 폴리코사놀에 대한 과학적 검증 결과들에 놀라운 인상을 받았다고 했다. 특히 심포지엄에 참석했던 텍사스대학교 교수들, 테오도로스 켈레시디스와 아난드 로하트기 교수는 폴리코사놀에 대해 매우 깊은 인상을 받았으며 우리와 함께 공동연구를 약속하고 진행 중이기도 하다.

2024년 8월, 제2회 〈장수인자 HDL 심포지엄〉이 성황리에 개최되었다. 2회 심포지엄에서는 새로운 개념이 추가되었다. 장수인자 HDL 이 심혈관질환을 예방하고 혈관 건강에 매우 큰 도움을 준다는 개념을 보다 확장하여 인류의 큰 난제 중 하나인 치매를 예방하는 HDL의 역할에 초점을 맞췄다.

반도체 분야에서 HBM$^{High Bandwidth Memory}$이 데이터 이동 속도를 혁신적으로 높여서 인공지능 AI의 기능을 향상시키고 생성형 AI(챗GPT) 탄생에 주도적인 역할을 한 것처럼, HDL은 혈관 고속도로를 넓혀 인간지능 HI$^{Human Intelligence}$ 향상에 도움을 줄 수 있다는 것이 나의 주장이다.

1986년 처음 건강식품 사업을 시작한 이후 나는 수많은 선택의 순간과 마주했다. 선택의 순간마다 나의 기준과 질문은 분명했다.

"이 제품이 사람들의 건강과 삶의 질을 높여줄 수 있나?"
"과학적으로 충분히 검증된 제품인가?"

폴리코사놀과 만난 지 27년 동안 나는 이 질문에 대한 답을 찾기 위해 부단히 노력해왔다. 넉넉하지 않은 형편에도 자체 연구소를 만들어 과학적 검증을 계속하고, 세계적인 석학들과 공동연구를 진행하며,

HDL 워크숍을 후원하고, 장수인자 HDL 심포지엄을 개최한 것은 모두 이런 노력의 일환들이다. 나는 단순히 물건을 파는 장사꾼이 되고 싶지 않다. 삶의 질을 높이는 과학적으로 검증된 믿을 수 있는 제품을 더불어 나누고 싶다.


## 쿠바의 노벨상 '카를로스 핀레이' 훈장

국제 변호사이자 바이오쿠바파마의 사업 개발 책임자인 노키스가 '2024 바이오—아바나' 행사에서 나에게 쿠바 사업 성공 스토리를 발표해달라고 요청해왔다. 나는 아직 성공이라 생각하지 않았고, 성공으로 가기 위한 여정 중에 있다고 생각했기 때문에 조금 난감했다. 하지만, 누군가는 나의 이야기를 듣고 힘을 얻을 수도 있다는 생각이 들었기 때문에 지난 시간을 되짚어보기 시작했다. 한 가지 분명하게 이야기할 수 있는 것은 있었다.

쿠바와 함께한 나의 여정은 더 많은 사람들이 질병을 예방하고 그래서 더 건강하고 삶의 질이 나아지기를 바라는 공동의 목표를 향한 걸음들이었다. 250명의 청중들 앞에서 나의 '쿠바 사업 성공 스토리'를 담담하게 이야기했다. 나의 이야기를 들으며 미국에서 온 학자는 눈물을 훔치기도 했고, 쿠바인들은 함께 일군 우리의 이야기에 박수를 아끼지 않았다. 지난 27년 동안 쿠바를 오가던 고된 여정의 피로가 한순간에 씻기는 느낌이었다.

이번 쿠바 출장은 실로 놀라움과 감동의 연속이었다. 나는 쿠바의 부통령으로부터 직접 쿠바의 노벨상이라고 불리는 '카를로스 핀레이' 훈장을 받았다. 중학교 졸업장이 전부인 내가 쿠바의 노벨상을 받다니! 더구나 지금까지 외국인 수상자는 거의 전무했다는 것 아닌가.

훈장을 받기 1시간 전, 시상식이 열리는 행사장에 들어섰는데 행사장에 참석한 거의 모든 사람들이 나에게 반갑게 인사를 건네왔다.

"올라~, 미스터 리!"

내게로 향하는 '올라~'로 시작하는 반가운 문장들이 쉴 새 없이 들려왔다. 새삼 지난 시간 동안의 변화와 성장이 피부에 와닿았다. 소개장 한 장 달랑 들고 콜레스테롤에 좋은 약을 찾아 호주에서부터 1만 7천km를 날아 쿠바에 첫발을 디뎠던 1997년, 나는 이곳에서 그저 낯선 동양의 이방인이었다. 쿠바에서 내게 인사를 건넬 사람은 아무도 없었다. 그로부터 27년이 흘렀고, 수많은 갈등과 시행착오 끝에 나는 쿠바에서도 가장 영예롭다는 훈장을 받았다. 그 자리에 참석한 모든 사람이 한 명 한 명 나와 포옹하며 진심 어린 축하를 건넸다. 그들은 이제 나의 형제이자 가족과 마찬가지이다.

사실, 이 훈장은 내 개인에게 주어진 것이 아니라, 쿠바와 함께 먼 길을 함께 달려온 우리 레이델 전 직원들에게 다 같이 주어진 것이라는 게 정확한 말일 거다. 왜냐하면, 이 훈장은 과학 발전과 인류의 이익에 대한 공로와 공헌을 인정해서 쿠바 대통령이 수여하는 상이기 때문이다. 특히 이번 수상은 쿠바의 과학 보건 분야의 성과를 세계에 알리는 데 기여했다는 점을 인정받은 것이라고 들었다. 그날 저녁, 쿠바 바라데로에서 우리는 참 많은 눈물을 흘렸다. 훈장을 받는 순간 나도 울고 직원들도 함께 울었다. 심지어 단체 사진을 찍으면서도 심야에 럼주를 마시면서도 서로 함께 훌쩍거렸으니 말이다. 정말 너무 감격스러운 하루였다. 나와 쿠바, 레이델과 쿠바가 진정한 동반자로서 새로운 역사의 한 페이지를 시작하는 순간으로 오래도록 기억될 것 같다.

쿠바의 노벨상, '카를로스 핀레이' 훈장 수상

## 오늘을 만든 나의 베스트 옵션

얼마 후, 쿠바국립과학연구소와 조인트 벤처 설립 계약을 체결했다. 그러면서 레이넬은 일부의 나라를 제외하고 폴리코사놀의 세계 판권을 갖게 되었다. 현재 판매가 이루어지고 있는 나라는 한국, 호주, 일본, 대만 4개국이고 말레이시아와 싱가포르까지 더해져 6개국으로 늘어날 예정이다. 경제 위기로 빚에 허덕이고, 마약을 판다는 오해를 받아 재판까지 불사하며 유사 제품이 판치는 상황 속에서도 꿋꿋이 견뎌 나간 세월은 절대 녹록치 않았다. 포기하고 싶은 순간도 여러 번 있었지만, 그때마다 나를 일으켜주었던 신념은 나를 살리고 이런 날을 맞이하게 해주었다. 사업을 시작하면서 그저 사람들에게 이로움을 주는 제품을 널리 알리고 싶었던 마음은 사명감이 되었다. 나의 사사로운 이익보다는 인류의 건강과 행복에 기여하고자 동분서주하며 뛰어온 세월이었다. 그동안 시련과 고난도 참 많았지만, 그때마다 내가 선택한 것은 타인을 위해 먼저 베푸는 베스트 옵션이었다. 다른 사람이 기뻐하는 얼굴을 보고 싶어서 베푼 선택은 오늘날처럼 내가 준 것 이상으로 돌아오는 결과가 되었다.

쿠바에서 출발한 머나먼 나의 여정은 아직 끝나지 않았다. 나와 내

주변에서 시작된 많은 궁금증과 해결해야 할 과제들이 꼬리에 꼬리를 물고 이어진다.

"나는 당뇨병을 28년 전에 진단받았는데, 어떻게 족부궤양에 걸리지 않았을까?"

"왜 나는 지난 6년간 코로나19 바이러스와 감기를 한 번도 앓지 않았을까?"

"36년이나 아토피를 앓아온 내 지인은 어떻게 하면 치료할 수 있을까?"

질문들에 대한 과학적 해답을 찾기 위해서 나는 오늘도 새벽에 일어나 공부를 하고, 레이델연구원 조경현 원장과 함께 연구에 연구를 거듭하고 있다. 나의 한 걸음이, 레이델의 한 걸음이, 더 많은 사람들의 건강을 위한 최선의 선택이며, 인류의 삶의 질을 높이는 최고의 결과물이 되리라 믿어 의심치 않기 때문이다.

**최고를 만드는 최선의 선택**

# 베스트 옵션

**펴낸날** 초판 1쇄 2025년 2월 28일

**지은이** 이병구

**펴낸이** 임호준
**출판 팀장** 정영주
**책임 편집** 김은정 ㅣ **편집** 조유진 김경애 박인애
**디자인** 김지혜 ㅣ **마케팅** 길보민 정서진
**경영지원** 박석호 유태호 신혜지 최단비 김현빈

**인쇄** 도담프린팅

**펴낸곳** 비타북스 ㅣ **발행처** (주)헬스조선 ㅣ **출판등록** 제2-4324호 2006년 1월 12일
**주소** 서울특별시 중구 세종대로 21길 30 ㅣ **전화** (02) 724-7664 ㅣ **팩스** (02) 722-9339
**인스타그램** @vitabooks_official ㅣ **포스트** post.naver.com/vita_books ㅣ **블로그** blog.naver.com/vita_books

©이병구, 2025

**ISBN** 979-11-5846-435-6  03320

비타북스는 독자 여러분의 책에 대한 아이디어와 원고 투고를 기다리고 있습니다.
책 출간을 원하시는 분은 이메일 vbook@chosun.com으로 간단한 개요와 취지, 연락처 등을 보내주세요.

**비타북스** 는 건강한 몸과 아름다운 삶을 생각하는 (주)헬스조선의 출판 브랜드입니다.